시간의 길

시간의 길

이마리나
수필집

한국산문

추천사

이마리나 선생의 책에 부쳐

이재무(시인)

이마리나 선생의 산문집에 수록된 가족 서사는 읽는 이의 마음을 감동과 울림의 빗물로 뭉클하게 적신다. 예컨대 월남하여 가족의 호구와 건사를 위해 경찰, 축협, 양돈사업 등으로 직업을 이전하며 고투하는 아버지의 장단완급으로 굽이치는 장강(長江) 같은 이력, "전처의 두 아들을 데리고 남편(필자의 아버지)을 찾아 사선을 넘어온 어머니의 파란만장한 삶", 완고한 가풍을 고집하시는 시아부지와의 지극히 사소한 갈등, 학업을 위해 뉴욕에서 흑인이 운영하는 어린이집에 딸아이(손녀)를 맡긴 아들 내외의 고달픈 생활, 그리고 고향의 느티나무에 대한 추억, 유머 감각이 남다른 남편을 따라(직업에 따른 이동) 외국을 전전하며 살았던 소소한 삶의 편린들, 나날의 구체적 일상에서의 소확행 등이 바다를 목전에 둔 강의 하류처럼 잔잔하게 혹은 달빛 받은 윤슬처럼 글썽글썽 반짝이며 페이지를 관통하여 흐르고 있다.

그 가운데 특히, 평소 간 질환을 앓던 남편이 B형 간염 바이러스의 진행으로 건강이 악화되자 아들이 선뜻 간의 공여자로 나서 우여곡절 끝에 간 이식에 성공한 스토리(「내 안에 네가 있다」)는 눈가에 이슬을 맺게 하는 극적 감동을 불러일으키기에 충분한 수작이다.

선생의 글들을 읽으며 나는 아래의 시 구절이 절로 떠올랐다.

살펴보면 나는/ 나의 아버지의 아들이고/ 나의 아들의 아버지이고/ 나의 형의 동생이고/ 나의 동생의 형이고/ 나의 아내의 남편이고/ 나의 누이의 오빠이고// … // 그렇다면 나는/ 아들이고/ 아버지이고/ 동생이고/ 형이고/ 남편이고/ … / 오직 하나뿐인/ 나는 아니다.// … // … 지금 여기 있는/ 나는/ 누구인가

— 김광규 시, 「나」, 부분

그렇다. 우리는 살면서 무의식적으로 무수한 가면(기표, 퍼스나, 탈)을 썼다 벗으며 살고 있다. 이것이 후기구조주의 철학자 라캉이 말한 상상계 다음의 상징계에 속한 세계인 것이다. 이상 세계(종교에서 말하는 천국)에 해당되는 실재계란 죽어서야 가능한 곳이다. 그러니 어쩌겠는가? 사는 동안 우리는 이곳에서의 자기 역할에 충실할 수밖에!

추천사

'파란波瀾'의 흔적, '주름'의 생성

권대근
(문학박사, 대신대학원대학교 교수)

이마리나 수필의 우수성은 '파란波瀾'의 '흔적'이 어떤 '배치' 속에 들어가 있느냐에 따라 결정된다. 이마리나에게 맞는 주름은 바로 '파란'이다. 주어진 삶의 조건 안에서만 이루어지는 미시적인 배치의 변경이 아니라 신분과 계급을 뛰어넘는 배치까지 포함된 그녀의 아장스망은 자신을 새로운 배치 속으로 밀어 넣는 적극적인 행위인 다양한 '마주침' 속에서 새로운 흔적이나 주름을 생성시켜 내고 있어 감동을 준다.

이마리나 수필의 가장 큰 강점은 파편화된 사람들의 정서를 치유해 줄 유일한 통로로서 기능하고 있다는 데서 찾을 수 있다. 그녀에게는 '문학은 인생에 대한 질문'이라고 하는 나름의 문학

관이 있다. 이를 통해 문학적 성취를 담보하고 있다는 측면에서 이 수필집은 여타 수필집의 한계를 잘 극복하고 있다.

이마리나의 수필을 읽을 때마다 무릎을 타닥 칠 정도로 그 굽이치는 굴곡의 '파란'에 놀랐고, 독자라면 누구나 새로운 울림을 느낄 수 있으리란 확신이 들었다. 왜냐하면 이마리나의 흔적과 주름은 휴머니즘에 깊이 뿌리를 박고 있기 때문이다. 그녀는 지각의 자동화로부터 대상을 해방시키고, 언어를 부리고, 이렇듯 변용의 기술로 사건이나 사태와 의미적 교합을 이루고 들뢰즈의 생성미학으로 격한 울림을 창출한다. 매 순간 가족들과 관계 맺으면서 새로운 접점을 일으키는 극적 변주는 작가의 내면 풍경을 속속들이 보여준다. 그녀의 올곧은 삶의 압축파일에는 진한 영혼이 서려 있다. 뿐만 아니라 인간의 열정이 뿜어내는 거친 호흡과 다른 사람의 시선을 끌어들이는 흡인력도 있어 삶의 진경을 찾아나서는 그녀를 뒤따라 나서보는 것도 의미 있는 일이겠다.

삶은 누구에게나 벅차고 힘든 것일 수밖에 없다. 어떤 상황에서도 문학의 존재 당위를 더욱 뚜렷이 해야 한다는 각오가 문맥 곳곳에 담겨있는 듯해서 기쁘다. 무엇보다도 이마리나의 문학세계는 이 부조리한 현실 상황에 대한 합리적인 사고의 바탕 위에서, 괄호 안에 감금당한 즉자존재와 대타존재를 구체적으로 해방시키고 있다는 점에서 남다르다고 하겠다. 다양한 읽을거리가 웅숭깊은 인간미를 통과하면서 서늘한 울림을 자아내기에 한마디로 그녀의 글은 짓밟힌 토착정신의 원형을 고분 속에서 발굴하고, 되찾는 고된 작업의 결과물로 요약될 수 있겠다. 튼튼한 삶을 더 단단히 다지겠다고 노력하는 모습은 너무나도 아름다운 인간화의 길이라 할 수 있다. 이 책은 영혼의 치유가 필요한 현대인의 필로우 북이라 해도 되겠다.

작가의 말

살아있는 것은 다 아름답다

유년시절 별이 총총한 여름 밤, 평상에 누워서 듣는 어머니의 영화 같았던 월남越南 이야기는 아무리 들어도 지겹지 않았다. 어머니의 이야기는 나를 책 읽기 좋아하는 아이로 자라게 해주었고 책을 가장 친한 동무로 여기게 해 주었다. 방학이면 일찍이 서울로 유학 간 오빠가 용돈을 모아 사 온 한국문학전집을 밤새워 읽기도 했다.

지난 시간은 강물처럼 흘러갔다. 낯선 곳에서 뿌리내리기에도 힘겨웠던 부모님의 타향이 자식들에겐 고향이 되었다. 가족밖에 몰랐던 부모님 밑에서 우리 형제들은 행복하게 자랐고 결혼과 함께 평범한 가정도 이루었다. 전통과 풍습이 다른 시댁의 가풍에 도전하며 반란을 꿈꾸던 '철없던' 새댁이 이제 손주들의 재롱을 보며 그들의 안위를 걱정하는 자리가 되니 지난날 집안 어른들의 심정을 이해하게 된다.

장손 며느리의 책임을 잠시 유예하고 금융인 남편의 임지를 따라 홍콩과 자카르타에서 둥지를 틀고 살았다. 낯선 환경에서 문화 차이를 경험하며 이방인의 삶을 살았다. 사람 사는 곳은 어디나 빛과 그림자가 있다. 그곳에서 만난 인연들과 부딪치며 일어났던 많은 '에피소드'와 그들의 애환은 내 글쓰기의 마중물이 되었다.

삶의 여정은 꽃길이 되었다가 때로는 비바람을 몰고 오기도 했다. 예기치 않았던 우환에 부부가 번갈아 투병을 하며 생사를 넘나들기도 했다. 삶의 소중함과 가족의 사랑을 느끼며 우리는 더 단단해졌다.

'살아있는 것은 다 아름답다' 는 말에 공감한다.

재활 방법을 찾던 중 우연히 문화센터 글쓰기 교실 문을 두드렸다. 수필반의 글쓰기는 심신의 치유와 함께 잊었던 문학의 꿈을 다시 찾아주었다.

수필 쓰기는 세상을 좀 더 따뜻한 시선으로 바라볼 수 있고 유연한 사고를 할 수 있게 했다. 나의 내면을 들여다 볼 수 있는 글을 쓰며 가끔은 과거로의 시간여행을 떠나기도 했다. 순간의 흔적들이 만나 시간을 만들고, 시간은 또 다른 길을 만든다. 내 삶을 관통했던 유년의 그리움과 만나는 시간의 길에서 추억을 소환하며 망향의 서러움으로 외로웠던 부모님을 만나 재회의 기쁨을 나누기도 한다. 이제 그때의 부모님 나이가 되어 재롱부리는 손주들을 돌보며 조부모 없이 자란 지난날이 한스러워 마음껏 사랑을 쏟아 붓고 있다. 바쁜 아들 부부를 위해 많은 시간을 손주들과 보낸다. 천진난만한 아이들의 해맑은 웃음소리와 그들이 만드는 이야기는 우리 부부에게 에너지를 주며 계속 글의 소재가 된다.

미흡한 글이 다듬어질 때, 완성된 글이 지면에 발표될 때, 보람을 느낀다. 수필은 내 삶의 위로이자 친구다.
부족하지만 흩어진 기억의 조각들을 모아 한 권의 책으로 엮어 첫 수필집을 선보인다. 출간을 망설이는 나에게 격려와 용기를 준 문우들께 감사한다. 남은 여정도 지금처럼 함께 걸어가길 소망한다.

글쓰기 입문에서 등단에 이르기까지 지도해주신 임헌영 선생님과 해설과 글의 완성도를 위해 다듬어 주신 박상률 선생님, 추천사를 써주신 이재무 시인, 권대근 평론가께 깊이 감사드린다. 응원을 아끼지 않은 가족들에게도 고맙단 말 전한다.

2025년 늦가을
이마리나

목차

추천사 4
  - 이마리나 선생의 책에 부쳐 이재무
  - '파란波瀾'의 흔적, '주름'의 생성 권대근

작가의 말 10
  - 살아있는 것은 다 아름답다

1장 **아버지의 우산**

아버지의 우산	20
어머니의 일기장	25
고향의 느티나무	31
친정 나들이	35
며느리의 반란	39
아버님의 봄나들이	44
미세스 장	50
죽음이라는 마감	55
편지	60
한 지붕 두 가족	65

2장 내 안에 네가 있다

내 안에 네가 있다	72
딸을 보내며	78
쇼오, 안녕!	82
뉴욕에서 온 선물	86
외할머니도 운전 잘 해!	91
사나이 중 사나이	97
토마토수프	102
나이는 숫자라지만	106
눈 먼 사랑	111
두리의 겨울	116

3장 아름다운 죄인

자카르타의 이방인   124
생애 가장 길었던 저녁 시간   130
부겐빌레아   135
신사의 나라   141
아름다운 죄인   145
탱자나무집   150
시간의 길   155
돌아오지 않는 그녀   160
가을날   166
찬수의 고백   171

4장 화려한 외출

화려한 외출	180
농암 종택에서 하룻밤	186
수종사의 향기	192
회갑 여행	196
그녀가 사는 법	201
세 번째 만남	206
믿음 안에서 만난 선생님	212
그대 향한 사랑	217
예스터데이	222

작품해설 228
   삶의 바탕을 이룬 따스한 체험들
   - 이마리나 수필집 『시간의 길』 박상률

1장
아버지의 우산

아버지의 우산

어머니의 일기장

고향의 느티나무

친정 나들이

며느리의 반란

아버님의 봄나들이

미세스 장

죽음이라는 마감

편지

한 지붕 두 가족

아버지의 우산

　　시간이 지날수록 점점 바람이 세지며 빗방울이 굵어졌다. 좀처럼 잦아들지 않는 빗소리를 들으며 외출 준비를 했다. 손녀 하교 시간에 맞춰 우산 두 개를 준비해 인근 초등학교로 갔다. 언제나 하교 시간이 되면 교문 앞은 학부모들로 법석였는데 오늘따라 조용했다. 보안관 아저씨에게 물었더니 오늘은 비가 많이 와서 아이들 교실 앞까지 학부모들이 들어 갈 수 있게 허용되었다고 했다.
　　처음으로 손녀가 공부하는 1학년 교실 앞까지 갔다. 이제 막 수업이 끝났는지 아이들이 선생님 안내를 받으며 한 명씩 교실 밖으로 나왔다. 고만고만한 아이들 가운데서 손녀를 찾기는 쉽지 않았다. 나만 일기예보를 몰랐던 걸까? 아이들은 하나같이 우산을 쓰고 나왔다. 학교에서 아이들을 위해 준비했나? 잠시 나는 혼란스러웠다. 손녀를 위해 가져간 우산이 젖을 새라 옆에 꼭 끼고 두리번거리는데 누군가 내 옆으로 다가왔다. 알록달록 무지개 우산을 쓴 손녀였다. 우산 없이 서 있을 손녀 모습만 찾 느라 아이가 다가오는 줄도 몰랐다.

아이는 늘 하던 습관대로 얼른 가방을 건네주며 혼자서 앞으로 걸어갔다. 뒤를 따르며 누가 우산을 갖다 주었느냐고 물었다. "원래 교실에 다 있는 거야" 하면서 손녀는 그것도 몰랐느냐는 표정을 지었다. 학교에는 개인 사물함이 있어 교과서도 학교에 두고 다닌다는 얘기는 들었지만 우산까지 두고 다니는 줄은 몰랐다. 세월이 흘러 삶의 수준이 높아졌는데 내 사고는 어려웠던 그 시절에만 머물러 있었다.

초등학교 저학년 때, 비 오는 날이면 우산을 든 아버지 옆에 매미처럼 꼭 붙어서 학교에 갔다. 지금처럼 우산이 흔하지 않던 시절이라 위로 오빠가 셋이나 있는 나에겐 우산이 없었기 때문이다. 우산 하나로 두 사람 몸을 가리기엔 무리였다. 그러다보니 비가 세차게 내리는 날이면 신발이나 가방이 많이 젖었다. 그땐 형제자매들이 함께 우산을 쓰고 등교하는 일이 다반사였다. 대부분 비슷한 처지다 보니 당연하게 받아들였다. 물론 우리 반 아이들 중 몇 명은 우의에 장화를 신고 오기도 했다. 아버지는 나를 교실까지 데려다 주고는 직장으로 가셨다.

아버지는 격동의 시대를 온몸으로 겪으며 혈혈단신 남쪽으로 내려오셨다. 일가친척 하나 없는 곳이라 누구의 도움도 받을 수 없었다. 힘들고 어려운 일이 닥쳐도 혼자서 부딪치며 해결해야 했다. 가족을 건사해야 한다는 책임감에 섣부른 도전도 모험도 할 수 없었다. 생활을 위해 몇 번이나 이직을 하면서도 늘 안전한 길만 택했다. 한 길을 가지 못한 회한 때문이었을까. 훗날 아버지는 우리에게 한 우물을 파야 한다며 강조하셨다. 더 나은 삶이나 미래를 위해 쉽게 이직을 하는 요즈음 세대들의 진취적인 사고와는 달랐다.

월급쟁이인 아버지는 근검절약이 몸에 배어 있었다. 산수 문제를 푸는 연습장은 직장에서 가져온 이면지를 사용하게 했다. 요즘 손주들이 너무 쉽게 스케치북을 쓰고 버리는 것을 보면 "라떼는 말이야" 하고 싶지만 아이들이 이해도 못하려니와 궁상맞은 것 같아서 그만 입속에서만 굴리다 만다.

비바람을 막아주었던 아버지의 우산이 흔들리기 시작한 것은 직장에서 불의와 타협하기 싫어 퇴직하신 이후부터였다. 아버지는 축협에 근무했던 경험으로 양돈업을 시작했다. 그 무렵 일본 수출 문이 열렸다며 많은 사람이 양돈에 뛰어들던 시기였다.

하지만 성실과 근면함도 시류를 따르지는 못했다. 무슨 이유에 선지 갑자기 대일 수출이 막히며 아버지 근심은 깊어만 갔다. 약주를 마시는 일이 잦아졌다. 약주를 하신 날에는 언제나 「황성옛터」를 부르며 망향의 서러움을 달래기도 했다. 노래를 잘 부르셨던 아버지 목소리가 그렇게 구슬플 수 없었다.

> 황성옛터에 밤이 되니 월색만 고요해
> 폐허에 서린 회포를 말하여 주노나
> 아 가엾다 이 내 몸은 그 무엇 찾으려~~

노래가 끝날 때쯤엔 아버지 눈가는 촉촉이 젖어있었다. 다시 돌아오겠다고 할머니와 한 약속을 지키지 못해 아버지는 늘 괴로워하셨다. 할머니는 남으로 내려가는 아버지 손을 잡고 다시는 못 볼지도 모른다며 눈물을 흘렸다고 했다. 아버지 월남 얘기를 들으며 평소에 실감하지 못했던 이산가족의 설움과 애환을 느꼈다.

수출이 막힌 돈육 공급량은 늘어나고 급등하는 사료 값에 타산이 맞지 않았다. 아버지의 장미 빛 꿈은 수십 마리 돼지들을 트럭에 실어 도살장으로 보내는 것으로 끝을 맺었다. 도산이라는 수순을 밟으며 아버지 어깨는 한없이 작아졌다. 철없던 시절이라 아버지 고뇌를 이해하기보다는 불안한 아버지의 우산과 경제적 궁핍이 두려웠다. 고지식하고 솔직하기만 한 아버지에게 사업은 적성이 아니었던 같다.

비가 오는 날이면 보폭이 다른 아버지 걸음을 따라가느라 힘들었던 그 시절 꼬맹이와 지금은 통일동산에 잠들어 계신 아버지가 그립다. 흔히들 어른이 되고 보니, 자식을 낳아보니, 비로소 부모님 마음을 알겠다는 평범한 말로 속죄하듯 말한다. 자식에게 부모는 무한 책임을 지는 존재로만 믿었던 어리석은 자식은 어느새 그 시절 아버지 나이를 훌쩍 뛰어넘었다. 나도 이제 그런 말에 슬쩍 편승한다.

어머니의 일기장

흔히 말하길 부모가 죽으면 청산에 묻고 자식이 죽으면 가슴에 묻는다고 한다. 하지만 자식으로 태어나 가장 비통한 일은 부모님을 땅에 묻어야 하는 일인 것 같다. 어머니가 좋아했던 하얀 국화 꽃잎을 어머니 관 위에 눈처럼 뿌리며 마지막 이별을 고했다. 꽃 같은 스무 살에 전처가 낳은 두 아들을 데리고 남편을 찾아 사선을 넘어 남쪽으로 왔던 어머니의 파란만장한 삶이 막을 내렸다.

어려운 시대에 태어나 지난한 삶을 살았던 어머니가 어찌 내 어머니뿐일까. 죽어서도 고향으로 돌아가지 못하고 북쪽 하늘이 가까운 망향동산에서 이제 고단했던 육신을 내려놓은 어머니가 안쓰럽다. 파란 가을 하늘은 드높고 햇살은 아직 따갑기만 하다. 하얀 구름이 마치 한 마리 학이 날개를 펼치고 날아가는 모습으로 어머니 묘지 위에 떠있다. 우리 형제들은 모두들 어머니가 날아서 고향으로 가는 게 아닐까 생각했다. 살아생전 그리워만 하다 끝내 밟지 못한 고향 땅을 죽어서라도 가길 바랐던 우리들 마음이 통했나 보다.

"난 정말 나쁜 여자인가 봐요."

올케언니가 식탁에 얼굴을 묻으며 오열했다. 우리 모두 죄인이 된 듯했다. 2년 전 뇌경색으로 쓰러진 어머니는 후유증으로 치매가 왔다. 한동안 주위 사람들을 힘들게 하던 어머니는 급기야 몸을 잘 가누지 못하고 대소변도 가릴 수 없게 되었다. 모시는 데 한계를 느낀 형제들은 의논 끝에 요양원에 보내드리기로 했다. 하루가 다르게 생기가 없어지는 어머니를 뵐 때마다 마음이 우울해지고 죄책감에 괴로웠다. 팔십이 지나고부터는 너무 오래 사는 것 같아 동네 창피하다며 바깥나들이 하는 것마저 꺼려하셨다. 요양원에 계시는 동안도 주위 사람을 성가시게 하지 않으려는 듯 말씀도 없이 밤낮으로 눈을 감고 계시다 홀연히 떠나셨다.

삼우제를 지내고 어머니 유품을 정리하러 시골집을 찾았다. 뜻밖에도 어머니는 아버지가 돌아가신 후부터 일기를 쓰고 계셨다. 생전에 아버지는 당신 전처가 낳은 두 아들을 데리고 어린 나이에 북에서 남편을 찾아온 어머니에게 용기 있고 훌륭한 일을 했다며 칭찬하셨다. 그러면서 남하한 과정을 기록하여 아이들에게 보여주면 좋겠다고 했다.

  일제 강점기에 경찰관을 지냈던 아버지는 해방 후 북쪽에 공산 정권이 들어서자 이념 때문에 남쪽으로 내려왔다. 얼마 후 어머니도 아버지를 찾아 내려왔다. 제2차 세계대전 막바지, 일본 호전주의자들이 만든 정신대 제물이 되지 않으려고 상처한 아버지와 결혼한 어머니는 새댁 몸으로 위험을 무릅쓰고 월남할 것을 결정했다. 어쩔 수 없는 상황이긴 했지만 아버지는 북한에 가족을 두고 혼자서 내려온 것 때문에 평생 죄인처럼 살았다.

  아버지가 돌아가신 후 어머니는 가끔 허공을 바라보며 "나는 누구일까" 하시며 당신의 정체성에 대해 많이 혼란해하며 불면증과 우울증에 시달렸다. 일가친척 하나 없는 곳에서 사는 삶은 뿌리 없는 나무와 같은 것, 작은 바람 앞에서도 흔들리고 무너질 수밖에 없었다. 어머니에게 아버지는 유일한 울타리이자 버팀목이었다. TV가 없던 시절, 금슬이 좋았던 두 분은 영화관에 자주 다니며 나름대로 문화생활을 즐기기도 했다.

  유년시절 어머니는 우리에게 당신이 넘은 삼팔선 얘기부터 시작해 권선징악류의 얘기를 자주 들려주었다. 평상에 누워 밤하늘에 총총히 박힌 별을 보며 들려주던 어머니 이야기는 우리에게 무한한 꿈을 심어 주었다. 영화 보기를 좋아하고 이야기를 잘하는 어머니 성품과 무관하지 않은 것 같다.

아침이면 어머니는 우리들을 데리고 개울가로 가기도 했다. 집안에 펌프도 있었지만 맑은 물이 흐르는 개울에서 우리를 씻어 주고 투명한 물속에서 예쁜 돌을 주워 주기도 했다. 젊은 날의 어머니는 무척 감성적인 분이었던 것 같다.

일기장엔 아버지를 그리워하며 기억을 더듬어 쓴 월남했던 힘난하고도 절박했던 순간들이 빼곡히 적혀있었다. 밤늦게 오빠들을 깨워 겨우 얻어 탄 배를 타고 칠흑 같은 임진강을 건너던 순간의 공포, 어린 나이에 엄마라는 소리를 들을 때엔 부끄럽고 숨고 싶었다는 대목에선 같은 여자로서 공감이 가면서 안타깝기도 했다.

시간이 흐를수록 글씨는 삐뚤빼뚤 억지로 쓴 듯했다. 먼저 가신 아버지를 따라가지 못하고 구차스럽게 사는 것 같다며 삶을 많이 서글퍼 하셨던 내용은 어머니의 외로움이 전해져 와 가슴이 아팠다. 이복인 두 오빠들이 결혼 후 석연찮은 오해를 한 게 가시가 되어 어머니 가슴에 상처를 남겼다. 많이 힘들어하던 어머니는 당신의 부덕을 한탄했다.

일기는 언제나 하루 일과를 아버지께 보고하는 것으로 끝나곤 했는데 중간 중간 잉크가 번져있었다. 우리에게서 전화 온 얘기, 누가 용돈을 얼마 주었다는 얘기와 그에 따른 지출 내용까지 자세히 기록되어 기억도 희미한 우리들 행적까지 알 수 있었다.

언젠가 남편과 시댁을 가며 잠깐 친정에 들렀는데 그날 어머니는 우리에게 매년 해주던 된장 콩을 삶고 있었다. 남편은 삶은 콩을 밟고 나는 메주 모양을 만들며 어머니를 도와드렸다. 그 날 일들을 소상하게 기록하고 우리 내외가 함께 거들어 내년 장맛은 더 좋을 것이라며 아버지께 얘기하듯 적어놓았다. 콧등이 시큰해지며 그만 눈앞이 흐릿해졌다.

몇 년 전 내가 수술을 하는 날이었나 보다. 어머니는 내 고통의 몇 배를 아파했는지 일기장엔 자식을 위해 애타게 기도하는 마음이 절절하게 녹아있었다. 이렇게 불효를 했구나 하는 마음에 가슴이 먹먹해졌다. 어머니 일기장엔 자식들로 인해 즐거웠던 일도 아파했던 시간도 고스란히 남아있어 어머니가 그리울 때 꺼내 볼 수 있어 감사하다.

벽에 나란히 걸린 부모님 사진을 보니 이젠 정말 곁에 안 계시구나 싶어 눈시울이 뜨거워진다. 생전에 가슴앓이로 많이 힘들어 하셨던 어머니. 이복이라는 이름으로 키워야 했던 두 아들과의 오해와 갈등 사이에서 아마도 많이 아프셨으리라. 아버지가 돌아가신 후에도 기어이 아버지 온기가 남아있는 시골집에서 여생을 보내며 외로움과 병마로 말년을 힘겹게 살았던 어머니. 어머니는 지금쯤 꿈에도 못 잊던 그리운 고향을 찾아가셨을까?

고향의 느티나무

　　고향에 있는 느티나무는 두 시간 반을 달려 온 피곤함을 한꺼번에 날려버리는 피로회복 효과가 있다. 무사히 목적지에 다다랐다는 안도감과 곧 부모님을 만날 수 있으리라는 기대감 때문이었을까? 읍내 초입, 파출소 옆에서 수십여 년을 행인들에게 그늘이 되어 주었던 느티나무는 수호신처럼 든든한 존재로 고향을 찾는 이들을 가장 먼저 반겨주는 고향 지킴이다.

　　느티나무가 우리 가족사와 무관하지 않다는 것을 안 것은 그리 오래되지 않았다. 아버지가 돌아가신 후 그곳을 함께 지나던 어머니는 느티나무를 가리키며 오랜 비밀을 털어놓듯이 느티나무의 출생 내력을 들려주었다. 경찰서에서 근무했던 아버지는 이곳 파출소 주임으로 부임했다. 내가 초등학교도 들어가기 전이었으니까 기억마저 희미할 때다.

파출소에 딸린 관사는 적산가옥이었는데 여기서 여동생이 태어났다. 동생을 낳고 산후병을 얻은 어머니는 생사를 오가는 힘든 시간을 보냈다. 누군가 산후에 좋다는 가물치를 가져와 먹은 후 어쩐 일인지 시름시름 앓기 시작했다. 아버지는 용하다는 병원과 의사를 찾아 백방으로 수소문하고 다녔다. 여동생은 젖이 모자라 울어댔고, 아버지는 쌀죽과 함께 그 무렵 성당에서 어려운 사람들에게 나눠주던 분유를 얻어 와서 먹였다. 한국전쟁이 끝나고 성당으로 구호품이 전달되면서 갑자기 '구호품 신자'가 늘어났다고 했다. 아버지도 어린 딸을 위해 잠시 구호품 신자가 되었던 것 같다. 우리 형제 중 가장 키가 큰 여동생을 보면 성당에서 얻어온 분유가 동생의 발육엔 완전식품이었던 것 같다.

어머니 병문안을 왔던 이모가 병석의 어머니 빈 젖을 빨며 울고만 있는 동생을 당신 딸로 키우겠다며 부모님을 설득했다. 졸지에 딸을 잃어버릴 것 같았던 어머니는 며칠을 고민하다 당신이 살아 있는 한 아무리 힘들어도 손수 키우겠다며 동생을 보내지 않았다. 훗날 이 사실을 안 동생은 그때 어머니의 결정에 감사해 했다. 동생이 첫돌을 맞은 해 아버지는 기적처럼 살아난 어머니와 어린 딸을 위해 파출소 옆에 축하와 감사의 마음을 담아 느티나무 한 그루를 심었다고 했다.

내가 초등학교에 들어갈 무렵 아버지는 경찰복을 벗었다. 그때 경찰공무원 박봉으로는 아이들을 교육시키기엔 턱없이 부족했다. 농협으로 이직한 아버지는 관사를 나와 가까이에 집을 지어 우리 가족은 이사를 했다. 가마솥 같은 목욕통이 있던 관사보단 작은 집이었지만 다행히 예전에 살던 곳과 가까운 곳이어서 친구들을 매일 볼 수 있었다.

그 무렵 파출소 앞 광장은 밤이면 우리들 놀이터가 되었다. 밤하늘엔 언제나 영롱하게 빛나는 수많은 별들이 우리를 내려다보고 있었다. 화려한 불빛이 없어서였을까. 내가 기억하는 밤하늘의 별들 중 그 시절 우리와 함께했던 별만큼 밝고 선명한 별은 보지 못했다. 우리는 밤마다 북두칠성을 누가 먼저 찾아내나 내기도 하고, "여우야 여우야 뭐하니"를 외치며 밤늦도록 광장에서 놀다 부모님 손에 이끌려서야 집으로 돌아가곤 했다.

유년시절을 파출소 앞 광장에서 보냈던 나도, 그곳에서 태어난 동생도 느티나무가 성장해가는 모습을 지켜보지 못한 채 그곳을 떠났다. 시간은 강물처럼 흘러 다시 느티나무를 본 것은 우리가 모두 어른이 되었을 무렵이다. 고향을 떠나 살았던 우리는 부모님을 뵙기 위해 일 년에 몇 번씩 고향을 방문하며 읍내 초입에 장승처럼 서 있는 느티나무를 만났다. 느티나무에 특별한 관심과 애정이 생긴 것은 순전히 아버지가 손수 심으셨다는 얘기를 들은 후부터였다.

광장에는 버스터미널이 생기고 식당들이 즐비하게 들어섰다. 지난날 넓게만 보였던 광장이 왜 그리도 작아 보이는지 단꿈에서 깨어난 듯 아쉽고 허무했다. 변하지 않는 것이 어디 있으랴. 나지막했던 느티나무만이 우뚝 서서 흘러간 시간의 흔적을 말해주고 있었다.

어느 해, 느티나무는 세월의 무게만큼 불어난 몸 때문에 힘들어하더니 몸통만 남겨둔 채 싹둑 잘려있었다. 느티나무를 왜 잘랐는지 궁금했지만 그냥 지나쳤는데 몇 년 후 죽은 줄 알았던 나무가 초록우산을 쓴 모습으로 다시 태어났다. 마치 잃어버린 기억이 살아나듯 반가워 고향을 찾는 또 하나의 이유가 되었다.

어머니가 돌아가신 후 동생과 유품정리를 하러 내려가 느티나무를 배경으로 사진을 찍었다. 각자 감정은 다르겠지만 어머니를 떠나보낸 슬픔이 가시지 않은 때라 그리움은 같았으리라. 살짝 나뭇잎 하나가 바람에 흔들리며 우리를 알아본 듯 인사를 했다. 느티나무를 어루만지던 동생 눈가에 한 방울 이슬이 맺혔다. 내 콧등도 시큰하였다.

친정 나들이

오늘이 백로白露다. 백로는 기러기가 날아가고, 제비가 돌아오며 뭇새가 먹이를 저장한다는 처서와 추분 사이의 절기란 뜻 외에 새로운 숨은 이야기가 있다는 것을 아침 라디오 음악방송 아나운서가 알려주었다.

가을 추수를 기다리며 조금 시간이 나는 이즈음에 여인들은 이슬을 밟으며 친정을 다녀왔다고 한다. 출가하면 친정 나들이가 쉽지 않았던 시대, 여인들은 이때를 기다리며 설레는 마음으로 밤잠을 설쳤으리라. 시대가 변해 마음만 먹으면 언제든 갈 수 있는 친정이지만 기대나 설렘보다 애잔한 그리움으로 각인된, 나에겐 그다지 쉽지 않았던 친정 나들이가 떠올랐다. 마음 편히 친정에서 여유롭게 머물 수 없었던 것은 친정과 시댁이 너무 가까이 있었던 탓이었다. 사돈집은 멀수록 좋다는 옛말이 틀리지 않은 듯하다.

시댁과 친정은 도보로 불과 20여 분 거리에 있었다. 돌아보면 친정 일로 간 적은 별로 없고 늘 시댁에 일이 있어 갈 때마다 잠깐씩 들르는 정도였다. 그랬기에 몸도 마음도 온전히 내려놓지 못하고 잠깐 부모님 얼굴만 뵙고 돌아섰다.

설이나 추석 명절이면 차례를 지내러 시골로 내려갔다. 당연히 시댁에 먼저 들러 인사를 하고 난 후 앞치마를 두르고 부엌으로 들어가는 게 순서였다. 명절 차례를 지내고 뒷정리를 하고는 이제나 저제나 친정 다녀오라는 말씀을 기다렸지만 평소에는 자상하신 어머님이 아무 말씀도 없이 출가한 시누이 가족이 친정에 올 것이니 준비하라고만 하셨다. 요즘이야 공식처럼 아침에 차례를 지낸 아들을 며느리와 함께 처가에 보내고 오후엔 딸과 사위와 명절을 보내는 풍습이 자연스러워 졌지만 그때만 해도 시어머니 권한에 감히 대응할 수 없었던지라 먼저 말을 꺼내기가 쉽지 않았다.

찾아온 손님들 접대를 끝내고 밤이 되어서야 친정에 갔다. 친정에선 잠만 자고 서울로 올라왔는데 친정 부모님은 많이 서운하셨을 것 같다. 길지 않은 연휴라 언제나 바쁘게 집을 나서야 했다. 새벽에 부엌에서 딸그락 소리가 들릴 때면 잠을 깨곤 했다. 아침이라도 먹여 보낼 심산으로 어머니는 이른 아침부터 식사 준비를 하셨다. 어느새 챙겼는지 마루 끝에는 된장, 고추장을 비롯해 밑반찬과 마른 나물 보따리가 나 데리고 가라는 듯 기다리고 있었다. 부모님은 사돈댁이 가까이 있다 보니 한 번도 오래 머물라고 붙잡지 않으셨다. 자식의 허물은 곧 당신들의 잘못인 양 조심스러워 하셨다. 그때의 부모님 나이가 되고 보니 이제야 알 것 같다. 밥 한 끼 제대로 먹지 못하고 바쁘게 떠나는 딸의 뒷모습에 부모님 가슴이 얼마나 아프셨을까 라는 것을.

기계치인 우리 부부에게 든든한 해결사 노릇을 해주던 딸이 결혼해 집을 떠났다. 같은 서울 하늘 아래 살다 보니 전화 한 통화면 언제든 달려오고 발달된 통신매체는 일상을 전해주니 궁금할 일도 없다. 사위가 출장을 가면 쪼르르 달려와서 며칠씩 쉬었다 간다. 결혼 전 같았으면 영락없이 잔소리 감인 늦잠도 밉지 않다. 친정엄마가 되면 갑자기 마음이 넓어지는지 오히려 마음껏 자라며 이불을 다독여주고 방문을 닫아준다. 아직 살림이 서툰 딸에게 이것저것 반찬들을 싸 주면서 지난날 친정어머니가 하시던 것을 그대로 답습하는 나를 보며 부모 마음이란 다 같다는 것을 새삼 느낀다.

딸이 돌아가는 뒷모습이 안쓰럽다. 자주 봐도 늘 아쉬운데 돌아가신 부모님은 어쩌다 온 딸의 친정 나들이에 마음도 제대로 나누지 못하고 헤어지니 얼마나 섭섭하셨을까. 어머니는 자동차가 보이지 않을 때까지 손을 흔들며 우릴 배웅하셨다. 부모님이 모두 돌아가신 지금 그나마도 갈 수 있는 친정이 없어 서럽다.

'나들이'의 사전적 의미는 집을 떠나 잠깐 바깥을 다녀온다는 뜻이니 친정 나들이는 잠깐 친정을 다녀온다는 뜻일 텐데 그 안에는 기대와 설렘, 애환이 느껴진다. 백로 날 아침 옛 여인들의 애환이 아릿하게 연민으로 다가온다.

며느리의 반란

아버님과 저녁 식사를 마칠 때쯤 남편이 무겁게 입을 열었다.

"이번 설에는 두 상만 차립니다."

아버님은 대답이 없으셨다. 잠시 정적이 흘렀다. 나는 불안해서 안절부절못했다. 식사를 끝낸 아버님은 너희들 좋을 대로 하라면서 일어나셨다. 거절인지 승낙인지 모를 애매한 말씀에 남편과 난 서로 얼굴을 쳐다보기만 했다. 며칠 전 지방에 사는 아랫동서가 건강이 좋지 않아 이번 명절에는 참석할 수 없겠다며 전화를 했다. 나 혼자서 명절상 차리는 게 힘들다고 했더니 남편은 전부터 계획했던 바를 실행할 참이었다.

가가 예문家家 禮文이란 말이 있듯이 시댁은 여느 집과 조금 다르게 명절에는 차례상을 세 개 차린다. 어른과 같은 상에서 식사를 하는 법은 없다는 시아버님 생각 때문이다. 그 말씀이 잘 수긍은 되지 않았지만 집안의 전통이니 따를 수밖에 없었다. 증조부모부터 시어머니까지 삼대를 모시게 되니 자연히 차례상이 세 개가 되었다.

시어머니가 돌아가신 뒤부터는 집안 제사는 모두 장손인 우리 차지가 되었다. 증조부모, 조부모, 시어머니 제사와 시제, 명절 두 번을 합하면 일 년에 여덟 번을 지냈다.

조상을 받드는 일이 효의 근본이며 덕목이라 믿고 있던 시댁이었다. 월남하신 친정아버지는 전통 있는 집안으로 출가한 딸이 혹여 흠 잡힐까 걱정하시며 자주 편지를 보내 매사에 조신할 것을 당부하셨다. 처음엔 자신이 없어 제사상을 차리기 위해 몇 번씩 장을 보았고 혹시 하루에 음식을 다 장만하지 못할까봐 이틀 전부터 준비를 하기도 했다. 이제는 노련한 주부가 되어 한나절이면 끝나지만 그땐 왜 그리도 손이 둔했는지 돌아보면 초보 주부의 어설픈 솜씨도 아련한 그리움이 되어 미소 지을 때가 있다.

명절에 외지에 사는 가족이 다 모이면 시어머님은 나를 방으로 불러 제기에 제수 담는 법을 가르쳐 주셨고, 궂은일은 동서들이 하게하시며 맏이의 권위와 책임을 은근히 알려주셨다. 난 무슨 벼슬이라도 한 것처럼 기분이 좋았다. 책임이 얼마나 힘들고 어려운 일이라는 것을 그땐 까맣게 몰랐다.

사십대 중반 허리디스크로 몸이 불편해지자 제사는 스트레스가 되었다. 겉으로는 멀쩡해 보이는 병이라 힘들다는 얘기도 못 하고 진통제를 먹으며 버텼다. 형제들이 지방에 있어 언제나 혼자서 제사 준비를 했지만 내 몫이라 생각했다. 허리 수술을 하고 재활치료를 하는 동안엔 잠시 둘째 동서가 맡기도 했다. 맏이가 꼭 지내야하는 법은 아니란 걸 그때 알았다. 그러나 마음이 많이 불편했다. 왠지 떳떳하지 못한 것 같았다. 어느새 나에게도 가부장제의 관습이 몸에 배어 장자가 집안 대소사를 책임져야 한다는 생각이 지배하고 있었다.

아들이 결혼하여 며느리가 들어왔다. 제사가 많은 집안 아들은 결혼 조건이 불리하다는 얘기가 예사롭지 않게 들렸다. 모든 걸 알면서 아들과 결혼해 준 며느리가 고마웠다. 첫 명절을 보내고 나서 공부밖에 몰랐던 신세대 며느리는 명절에 여자들의 일방적인 희생이 얼마나 부당한가를 얘기했다. 공감은 갔지만 우리 세대는 불평 없이 여자의 숙명처럼 했다며 책임감을 강조했다. 30년이라는 시간은 내 사고도 많이 바꿔 놓은 듯하다.

결혼해서 처음 시댁 제사에 참석했을 때 일이다. 시조모님 삼년 상이었다. 집안 어른들이 다 모이고 고모님들은 시루에다 여러 가지 떡을 손수 쪘다. 사극에서나 볼 수 있는 상이 차려졌다. 삼 년 상이라지만 잔칫집 못지않은 음식을 처음 본 나는 신기하고 놀랍기만 했다. 넉넉하지 않았던 시댁이지만 제사상만큼은 경제적인 문제완 무관했다. 발칙하게도 난 그때부터 반란을 꿈꿔 온 듯하다.

내가 제사를 주관하면서 점점 간소화시켰다. 내 능력으로는 경제적, 시간적으로도 음식 장만이 힘에 부쳤다. 차례가 끝나고 나면 음식이 너무 많아 처치곤란이었다. 시골에서 지낼 때는 친척이나 이웃이 많아 나눠 먹었지만 요즘은 종교 때문에 싫어하는 사람이 있어 며칠 동안 데워 먹다가 상당부분 버려지는 일이 다반사였다. 나이를 먹으며 쉽게 좋아지지 않는 허리 때문에라도 난 반란을 구체화시켜 나갔다.

1999년에 제정된 '건전 가정의례준칙'에 의하면 제례는 기제 및 명절 차례로 구분하고 봉사는 제주로부터 2대조까지, 성묘는 제수를 마련하지 아니하거나 간소하게 한다고 되어있다. 그러므로 내 주장은 가정의례준칙에도 위배 되지 않는다며 합리화 시켰다. 현실적이고 합리적인 남편도 동의를 했다. 전통적인 집안 관습을 고집하시는 아버님께 맞서야 하는 것은 곧 불효라는 생각도 들었지만….

몇 년 전, 상경하신 아버님께 용기를 내어 말씀드렸다. 우선한 대를 줄이자며 제안했다. 아버님은 선뜻 승낙하지 않으셨다. "그래도 나에겐 할아버진데…" 혼잣말을 하시며 일어나셨다. 남편은 내 건강이 안 좋다는 이유와 제사는 달랑 우리 둘이 지낸다며 아버님을 설득했다.

아버님은 워낙 제사를 중요하게 여기는지라 이미 오래 전 간소화한 종손가를 탐탁지 않게 생각했다. 제사를 통해 조상과 만나고 자신도 사후에 후손들과 만나 영생한다는 유교 사상에 젖어 있는 아버님에게 제사는 그 끈이며 다리였다. 바빠서 기일에 참석하지 못하는 손주 내외를 섭섭해 하시던 아버님은 시간이 지나면서 시대 상황과 현실적인 우리 사정을 조금씩 이해해주시는 듯했다. 흔쾌히 승낙은 않으셨지만 묵인하셨다.

설날 아침 새벽같이 일어나 차례상을 준비했다. 서둘러 차례를 지내고 작은댁으로 가서 시삼촌 차례를 지내는 것도 시댁 풍습이라 이래저래 명절은 나에게 바쁜 날이다. 상이 하나 줄어 손은 가벼웠지만 마음은 무거웠다. 과연 내 행동이 옳은 것일까. 죽어 조상 볼 면목이 없는 게 아닐까? 예전보다 초라한(?) 차례상이 마음에 걸렸지만 얼마 전 지인이 "너무 불편해할 필요 없어. 어차피 자식에게 다 물려 줄 수 없잖아"라던 말이 위로가 되었다.

차례상 앞에서 절을 하며 속으로 중얼거렸다. '아버님, 이 나쁜 며느리 반란을 용서해 주세요.'

아버님의 봄나들이

노인성 안질환인 황반변성으로 고생하는 시아버님이 검진과 치료를 받으러 상경하셨다. 어쩌다 보니 아버님이 병원 가는 전날 내가 내과에 위내시경 검사가 예약되어 있어 아버님이 내 보호자가 되셨다. 위장이 좋지 않아 일 년에 한 번씩 검사를 받는데 공교롭게 작년에도 아버님이 함께 가셨는데 이번에도 병약한 며느리 모습을 보여드리게 되어 죄송했다. 수면검사라 회복까지 한 시간은 족히 걸렸는데 밖에서 기다리던 아버님껜 긴 시간이 지난 느낌이었던지 몇 번이나 간호사실에 확인하며 초조해 하셨단다.

"다음부턴 그런 것 하지마라. 밖에서 기다리는 사람 갑갑해서 마음 편치 않다. 팔십 평생 나는 그런 검사 한 번도 하지 않고 약만 먹어도 괜찮다."

수심어린 얼굴에선 불안해하는 모습이 역력했다.

시어머님이 돌아가시고 20여 년을 혼자 시골에서 지내고 계시는 아버님은 맑은 공기와 낙천적인 성격 탓인지 팔순이 지난 지금에도 허리가 꼿꼿하고 식사 때는 소주 한 병 정도는 반주로 드시는 건강한 체질이다. 그런데 몇 년 전부터 사물이 굴절되어 보이고 색깔 구별이 잘되지 않는다기에 검사를 해보니 노인성 황반변성으로 완치를 하긴 어렵다고 했다. 조기에 발견해야 그나마 치료가 쉬운데 이미 많이 악화된 상태라 남은 시력이나마 지키려면 약으로 진행을 느리게 하는 방법밖에 없다고 했다.

병원에 갈 때마다 내가 "어때요, 더 나빠지지는 않았나요?" 하고 물으면 의사 선생님은 "즐겁게 사시고 스트레스 받지 마세요"라고 대답한다. 치료를 해도 호전이 안 되니까 의사 선생님도 난감한 표정이다. 그래도 아버님은 웃으시며 "장님만 안 되면 괜찮아" 하신다. 늙고 병드는 것이 자연의 순리인데 혼자서 뭐 대단한 병이라도 걸렸냐는 듯 덤덤하시다.

작은 일에도 속 끓이며 쉽게 잊지 못하여 매번 신경성 위염 진단을 받는 나는 그런 아버님 성격이 부럽다. 자상한 편은 아니지만 은근히 깊은 정이 있는 아버님은 젊은 시절부터 약주를 많이 드시기로 유명했다. 얼마 전에는 군대 동기를 만났는데 그렇게 술을 많이 마시고도 아직 살아있느냐며 놀라워 하더라며 무슨 무용담처럼 얘기한다.

제사 때나 동창회 모임이 있으면 올라오시는 아버님은 식사 때면 으레 반주를 하다 보니 식사는 뒷전이다. 술을 못하는 남편은 식사가 끝나면 슬그머니 자리를 뜬다. 그때부터 나는 아버님 앞에서 일제 강점기에 학교를 다니며 일본 학생들과 패싸움 한 얘기며, 졸업 후 은행에 근무 하다 금융사고로 낙향하신 얘기 등 수없이 들은 얘기를 또 들어야 한다. 얼굴도 한 번 보지 못한 아버님 친척들 이름도 훤히 알고 있다. 처음에는 아버님이 주시는 술도 거절하지 못해 곧잘 마시면서 맞장구를 쳐 왔다.

결혼 초 무뚝뚝하고 퉁명스러운 경상도 특유의 아버님 말씨는 나를 주눅 들게 해 어렵고 거리감이 있었다. 어머님이 돌아가시고 서울로 제사를 모셔온 후론 아버님도 일 년간 우리와 함께 사셨다. 차가운 땅에 시어머니를 묻고 돌아오던 날 눈시울이 벌겋게 물들었던 아버님 모습에 어떤 위로의 말도 할 수 없었다. 아이들에게 "할아버지, 우리 함께 살아요"라고 조르라고 일렀다.

60대 초반에 혼자되신 아버님의 외로움과 고통을 우리가 어떻게 이해할 수 있으랴. 체격이나 외모가 너무 젊다보니 웃지 못할 에피소드도 있었다. 그 시절만 해도 우리 아파트는 외출 할 때

열쇠를 경비실에 맡기곤 했는데 어느 날 아이들이 들어오면서 경비실에 갔더니 온지 얼마 안 된 경비가 아버님이 열쇠를 찾아가신 걸 보곤 네 아빠가 금방 들어가셨다고 해서 나로선 기분이 정말 묘한 적이 있었다. 지금은 머리가 반백이 되신 아버님과 택시를 타든, 시장을 가든, 아무런 불편이 없을뿐더러 오히려 말동무가 되어 심심하지 않다. 그때는 둘이서 외출하면 대화도 빈곤하고 어색하게 느껴졌다. 나이를 먹는다는 건 외적이든 내적이든 마음이 넉넉해지는 것인가 보다.

저녁이면 헛헛한 가슴을 술로 대신하던 아버님은 술 못하는 아들 대신에 사양하지 않고 받아 마시는 며느리가 신통했는지 잔을 채워 주시곤 했다. 가족이란 이름으로 오래 함께 지내다 보니 유머를 잘하시는 아버님 농담도 자연스레 받게 되었다. 언젠가는 당신이 마시다 남긴 술이 축이 났다며 네가 마신게 아니냐며 정색을 하며 물었을 때의 당혹감을 잊을 수가 없다. 이젠 아버님이 소화제를 찾을 때 약주를 드리는 것은 예사롭게 되었다. 속이 더부룩할 때도 술 한 잔이면 시원해진다는 이상한 체질과 엉뚱한 처방에 나도 익숙해졌다.

매사에 대범하고 호탕하신 아버님도 희미해져 가는 시력 앞에선 많이 약해지셨다. 지난해 남편이 해외 지사로 발령이 나서 떠날 땐 다시는 생전에 못 볼 것처럼 안절부절못하시며 "일 년에 한 번은 볼 수 있겠지"하면서 재차 확인을 했다. 글로벌시대, 세계 어느 곳이든 옆에서 말하듯 대화를 나눌 수 있는 전화가 있지만 물리적인 거리는 마음의 거리마저 멀어질까 봐 두려웠는지도 모른다.

다행히 시누이가 아버님 곁에 살고 있어 나로선 큰 힘이 되고 있다. 며칠 전 시누이와 통화를 하는데 "언니가 아프다는 소식 들으면 아버지 가슴이 철렁하신대" 하는데 순간 코끝이 찡해졌다. 친정 부모님껜 느끼지 못한 미묘한 감정이 한참을 머릿속에 머물며 불효했다는 생각과 함께 책임감을 느꼈다.

표현은 하지 않지만 병원에 가실 때마다 며느리에게 미안한지 이번에는 나와 상쇄했다며 "나 너에게 빚진 것 없다" 하며 웃으신다. 갑자기 시력이 떨어지면 빨리 내원하라며 인상 좋은 의사 선생님이 "하루에 열 번씩만 웃으며 사세요" 하니까 "독거노인이 웃을 일이 무에 그리 있겠소"로 응수하신다. "벽 보고라도 웃으세요." 의사 선생님도 지지 않는다.

자격지심일까. 아버님의 농담 속에 진담이 있는 듯해 마음 한구석이 아리고, 함께 모시지 못하는 죄책감에 의사 선생님 앞에서는 얼굴이 화끈 달아오른다. 독거노인이란 말이 몹시 마음에 걸렸다. 자식 없는 노인네의 대명사처럼 알아 온 말인데 이럴 때 쉽게 쓰이나 싶어 당황스러웠다. 벌써부터 아파트에 갇혀 살기

싫다며 당신이 선택하신 시골 생활이지만 가끔 죄스러울 때가 많았는데….

일식집에서 아버님이 좋아하는 약주를 곁들여 점심을 먹고 문을 나섰다. 봄 햇살에 만개한 벚꽃과 개나리가 눈부시다.

"야 정말 좋구나! 봄 소풍 나온 것 같다."

건너편 초등학교에서 아이들이 무리 지어 나온다. 어린아이처럼 활짝 웃으시는 모습에 때마침 날아온 꽃잎이 살짝 내려앉았다. 깊게 패인 이마 주름도 햇빛에 반사되어 보이지 않는다. 내년 봄도 내 후년 봄도 지금처럼만 시력이 유지되어 아버님과 근사한 봄나들이를 할 수 있기를 빌어 본다.

미세스 장

아침 설거지를 끝내고 FM 가정음악실에 채널을 고정했다. 부드럽고 낮은 진행자 목소리가 차분하다. 오프닝 멘트는 유머에 얽힌 흥미로운 이야기로 시작한다.

긴장감이나 어색한 분위기에 재치 있는 한 마디는 관계를 부드럽고 편안하게 하는 윤활유 역할을 한다. 물론 유머를 던지는 사람 의중을 금방 알아채는 상대방이 있을 때 효과는 배가 된다. 순발력 넘치는 유머로 주위를 환하게 하는 사람을 보면 왠지 친밀감이 느껴진다.

얼마 전 작고한 『산민객담』 저자 한승헌 변호사는 생전에 재미와 격조 높은 유머로 현실 세계를 풍자하는 명품 유머로 유명했다. 어느 날 "요즈음 한가하냐?"는 질문에 "난 태어날 때부터 '한가'였다"며 자신의 성으로 순발력 있게 대답했다. 오래전 남편이 나에게 던진 유머와 비슷해 기억에 남아있다.

90년대 후반 우리 가족은 남편 해외 근무로 잠시 외국 생활을 했다. 한 달에 한 번씩 만났던 여고 친구들은 오랜 부재로 소원해진 관계 회복을 위해 나에게 총무를 권했다. 요즘처럼 핸드폰이 있었던 것도 아니고 매달 한 번씩 연락하는 게 쉽지 않았다. 친구 J의 직장으로 전화를 했다.

"여보세요. ○○ 과장님 계세요?"

"네, 과장님 지금 자리에 안계신데요."

보험회사에 다니는 친구에게도 전화를 한다.

"소장님 지금 회의 중이세요."

다시 다이얼을 다른 친구에게 돌렸다.

"○○ 원장님과 통화 할 수 있나요?"

"지금 원장님 수업 중이라서요."

맥이 빠졌다. 근무 중에 통화를 시도한 내가 어리석었다. 저녁에 집으로 다시 전화해야 겠다 생각하며 집안일을 시작했다. 며칠 뒤 돌아오는 제사를 위해 난 준비할 게 많았다. 갑자기 기분이 묘했다. 과장님! 소장님! 원장님!, 40대 중반에 이룬 친구들의 사회적 지위를 상징하는 이름들이 생소하게 느껴졌다. 고작 누구 엄마로만 불리던 나와는 너무 다르다. 친구들 성공이나 발전이 샘이 나는 것도 아닌데 무슨 심사인지 모르겠다. 산적한 집안일에 다소 짜증이 난 걸까? 전화 불통이 언짢았던 걸까?

그날 저녁 의기소침한 나를 보며 남편이 무슨 일이라도 있느냐고 물었다. 친구들 성공이 질투 나는 것도 아닌데 왜 잠시 그랬는지 속 좁은 내 마음을 얘기하며 동정을 구했다. 남편은 웃으며 "뭘 그런 걸 가지고 그래. 당신은 결혼과 동시에 장(長)이 됐는데" 했다. 난 무슨 뜻인지 몰라 눈을 동그랗게 뜨고 무슨 말이냐며 물었다.

"아~ 당신은 미세스 장張 된 지 오래잖아!"

어이없는 웃음이 터졌다. 조금이나마 나를 위로하고 싶었던 남편 마음이 고맙고 그 순발력이 놀라웠다.

'미세스 장'. 난 몇 년 동안 그렇게 불렸다. 홍콩이 영국령에서 중국으로 반환되기 3년 전 홍콩으로 발령 난 남편을 따라 우리 가족은 잠시 낯선 이국땅에 둥지를 틀었다. 자유로운 민주국가에서 공산국인 중국으로 전환되는 홍콩은 변화의 시기였다. 교포 사회에서도 가진 자들의 두려움과 불안이 느껴지기도 했다. 국제금융도시인 홍콩은 원주민을 제외하곤 모두 영어를 사용하는 영어권이었다.

홍콩 입국 후 절차에 따라 이민국에 신고를 하고 ID카드를 받았다. 내 영어 이름 앞에는 남편 성이 붙어서 풀 네임이 더 길어졌다. 어색하고 불편했다. 공적인 서류나 여권에는 긴 이름을 썼지만 모임이나 가까운 이들 사이에선 '미세스 장'으로 불렸다.

이름 앞에 남편 성이 붙는다는 게 의아했다. 유교적 가부장 제도가 깊게 깔린 우리나라에서도 아내 성 앞에 남편 성을 붙이지 않는데, 여성 인권이 존중받는다는 서구에서 여자가 남편에게 종속되어 지배받는 듯한 이름이 이해되지 않았다. 로마에서는 로마법을 따르라고 했지 않은가. 몇 년간 난 미세스 장으로 살았다.

한국으로 돌아온 뒤 다시 부모님이 지어주신 내 이름을 찾았다. 남편은 잠시 잊었던 '미세스 장'을 상기시켜 주었다. 남편 말처럼 결혼 후 계속 미세스 장의 삶을 살고 있다는 생각이 들었다. 한국에 돌아온 후 잠시 유예됐던 일들이 다시 내 책임으로 돌아왔다. 해외 생활은 맏이들에겐 보너스 같은 것이라고 장남으로 해외에 나왔던 사람들은 농담 삼아 얘기하기도 했다. 돌아보면 미세스 장의 무게는 결코 가볍지 않았다. 결혼과 동시에 맏이라는 이유로 집안의 대소사를 해결하며 사대 봉사 제사를 맡아야 했다.

며칠 전 퇴근하고 돌아온 며느리가 아이들 커가는 모습이 너무 예쁘다며 만족하는 모습에 뿌듯했다. "그런 게 자식 키우는 보람이야." 나는 어른스럽게 말했다. 사회생활을 하든 전업주부로 살든 여자의 보람이나 행복은 가정을 지키는 일 같다.

제도나 형식들이 시대의 변화 물결에 슬그머니 자취를 감추기도 하지만 '학조부모(조부모가 학부모 역할)' 같은 신조어가 생기는 것을 보면 새로운 풍경들이 새 시대의 또 다른 관습을 만들기도 한다.

오늘도 손주들 하교와 하원을 책임지고 있는 우리 부부는 서둘러 집을 나선다. 가정의 존속과 평안을 위해 미세스 장의 역할은 계속 진행 중이다.

죽음이라는 마감

음력 시월이면 해마다 선산에서 제사를 지내는 집안 행사인 시제. 지난여름 아버님이 돌아가신 뒤부터 집안의 모든 행사 주관은 오롯이 우리 차지가 되었다. 연례행사로 여겨왔던 시제가 올해는 좀 다르게 느껴졌다. 지난해까지도 지팡이를 짚으면서 비탈진 산길을 오르내리며 함께 시제를 지내던 아버님이 이제 이곳에 누워 계신다. 삶과 죽음의 거리가 가까이 있음을 실감나게 한다. 당신의 죽음을 예견이라도 하신 건지 지난봄 어머님 묘소에 떼가 잘 자라지 않는다며 이사 가기 전 새집을 수리하듯, 빛을 차단하는 주위 나무들을 다 베어내고 묘소에 새로 잔디를 입혔다. 나무가 주범임을 입증이라도 하듯이 잿빛으로 죽어있던 봉분의 잔디가 파릇파릇 계절을 잊은 듯 싱그럽다.
 산소를 찾을 때마다 죽음을 피할 수 없는 인간의 운명이 허망하면서 두렵게 느껴졌다. 아직은 나와 거리가 먼 일이라 여겨왔는데 해를 거듭하며 죽음은 수용할 수밖에 없는 우리 모두의 마지막 모습이라 인정하게 됐다.
 다행히 올해는 날씨가 좋아서 손을 호호 불며 제수를 차리지 않아도 되었다. 친척 한 분은 산소와 주위에 떨어진 낙엽들을 빗자루로 조심스레 쓸어내렸다. 금세 묘소 주위가 깔끔하게 정돈되어 정갈하고 경건한 분위기가 되었다. 급변하는 시대에 전통적인 문화가 소멸되어 간다지만 아직 우리 세대에겐 조상을 기리는 일이 당연한 의무로 남아 있다.
 시증조부 묘소를 시작으로 시제가 시작되었다. 제주가 된 남편이 먼저 잔을 올리며 절을 했다. 장손의 무게가 느껴지는 남편 등 위로 아침 햇살이 부드럽게 내려앉았다. 조상들의 넋인 양 산새 한 마리가 푸드덕 나뭇잎 하나를 떨어뜨리며 날아갔다.
 지난여름, 먼저 가신 시어머님 옆에 아버님을 모시던 날 열었던 묘를 다시 덮으며 달구질을 하던 남편 어깨가 몇 번 들썩였다. 소리 없는 울음이 터져 나온 걸까? 며느리가 옆에서 눈시울을 붉히며 내 손을 꼭 잡았다. 살면서 어찌 후회스런 일이 없었겠는가. 구순을 살고 가셔도 육친과의 이별은 아프다. 평소에 무뚝뚝한 아버님과 살가운 대화가 별로 없었던 부자지간이었지만 남편 슬픔에 비할까. 슬픔의 무게도 관계에 따라 다른 것 같다.

이 상황이 무슨 일인지도 모르는 네 살짜리 손녀가 지루했는지 제 어미를 성가시게 했다. 며느리는 왕 할아버지가 하늘나라로 가신 슬픈 날이라며 아이를 달래 안았다. "달님 곁에?" 천진하게 묻는 아이 말에 잠시 슬픔이 가라앉았다. 손녀는 아버님을 왕 할아버지라 부르며 좋아했다. 가끔 만나는데도 손녀는 아버님 방에서 나오지 않고 잘 놀았다. 혈육이란 그런 건지, 사내아이가 아니라며 섭섭해 한 건 잠시였고 증손녀를 아껴 주셨다. 아이가 아직은 너무 어려 증조부를 기억도 못하겠지만 묘소를 찾으며 자신의 현재가 조상의 유전자임을 알아가지 않을까.

삶은 유한하지만 '죽음은 새로운 시작'이라고도 한다. 계절이 순환하듯 자손을 이으며 DNA는 계속 생명 안에 존속되기에 우린 죽음 앞에서도 위로를 얻지 않을까. 아버님도 그렇게 믿고 가셨을 터이다. 시인 구상은 그의 시 「삶과 죽음」에서 "누가 죽음을 종말이라고 말하는가?(…) 죽음은 그 영원에의 통로요, 회귀回歸요, 또 하나 새 삶의 시작일 뿐"이라고 했다.

죽음 앞에서는 모두가 너그러워지는 것 같다. 살면서 좋은 일도 나쁜 일도 있었겠지만 가능한 고인과의 즐겁고 아름다웠던 일들만 기억하려 한다. 그것이 고인을 위한 최고의 애도와 예우인 것처럼···.

생이 다한 후의 평가는 남은 사람들 몫이다. 화해하지 못한 일은 없는지, 원망이나 미련은 없는지 살아온 길을 다시 한 번 되돌아보게 된다. 자신이 죽은 뒤에도 좋은 부모, 형제로 남기를 원하기 때문이리라.

시삼촌들 묘소를 마지막으로 시제를 모두 끝내고 나니 점심때가 되었다. 새벽같이 달려온 탓인지 친척들은 시장기를 느끼는 듯했다. 떡과 과일로 간단하게 식사를 대신하며 담소를 나누었다. 친척들은 선산도 만원이라 더 이상 자리가 없다며 장묘문화도 변화가 있어야 한다며 걱정을 했다. 사람들은 타인의 죽음을 통해 자신의 마지막을 준비하며 차츰 익숙해져 가는 듯하다.

올해는 다정했던 문우도, 사랑했던 벗도, 울타리 같았던 아버님도 내 곁을 떠났다. 죽음은 늘 내 곁에 있지만 삶의 종착역이 죽음이라는 것을 망각하고 살아간다. 이탈리아 영화감독 피에르 파올로 파졸리니는 "삶이 진행되는 동안은 삶의 의미를 확정할 수 없기에 죽음은 반드시 필요하다"고 했다.

일 년 후 또다시 올 것을 약속하고 산을 내려 왔다. 산을 오르며 보았던 풀잎 위의 이슬방울들이 어느새 말끔히 말라있었다. 이제 수목들도 한여름 초록의 향연을 끝내고 깊은 잠으로 들어가겠지. 늦가을 짧은 해가 살아온 날보다 살아갈 날이 적은 내 모습 같아 마음이 조급해진다. 순간 죽음이 있어 삶이 더 아름답다는 말이 떠올랐다.

편지

 코로나19 팬데믹이 일상의 소소한 기쁨을 앗아간 지도 벌써 2년이 지났다. 정기적으로 만나던 친구들 얼굴 본 지도 아득하다. 내 글이 발표된 잡지 몇 권을 들고 우체국으로 갔다. 코로나19로 친구들을 만 날 수 없어 직접 보내기로 했다.
 인터넷 등장으로 세상이 많이 바뀌어 우체국 드나들 일도 많이 줄었다. 편지 대신 휴대폰이 그 역할을 하니 편지 쓸 일도 없고 물건을 보낼 때면 택배 기사가 집 앞까지 오니 편리한 세상이다. 오랜만에 우체국에서 책 봉투에 친구들 주소를 또박또박 쓰다 보니 한 여인의 얼굴이 떠올랐다. 무던이 언니다. 지금은 연락이 끊겨 소식을 알 수 없는 그 언니를 위해 잠시 봉사했던 특별한 편지는 오랜 시간이 지난 지금도 기억 속에 선명하게 남아 있다.

아버지가 이직하며 이사 간 동네는 읍내 중심과는 조금 떨어진 곳이었다. 비교적 생활이 어려운 사람이 많았다. 무던이 언니는 우리 앞집에 살았다. 집안이 어려워 학교도 가지 못한 처지라 몸이 약한 우리 어머니를 도우며 내 막냇동생을 업어주기도 했다. 그런 무던이 언니가 열네 살이 되던 해 서울로 식모살이를 하러 떠났다. 결혼 전까지는 제대로 된 이름도 없이 그냥 무던이로 불렸다.

무던이 언니가 19살이 되던 해, 태권도를 했다는 키 작은 남자와 고향으로 내려왔다. 그 남자는 인상이 그리 좋아 보이지는 않았지만 둘은 곧 동거를 했다. 어머니는 그를 김 서방이라 불렀다. 아들이 태어나자 김 서방은 베트남 참전을 자원했다. 목숨을 담보로 한 참전 대가는 그들에게 경제적인 여유를 가져다주었다. 무던이 언니는 입성도 깔끔해지며 자주 극장을 드나들기도 했다.

어느 날 언니가 월남에서 온 남편 편지를 들고 와 읽어달라고 했다. 어린 자식과 아내를 두고 전쟁터로 떠난 남편이 보낸 글을 스스로 읽지 못하는 언니가 안타까웠다. 그의 눈빛은 물어보지 않아도 알 수 있었다. 난 그때부터 답장을 하고 편지를 읽어주는 일을 했다. 열여섯 살 소녀가 감당하기엔 부담스런 배역이었지만 보고 들은 바를 가능한 진솔하고 마음 편하게 쓰려고 애썼던 것 같다.

그들 부부는 서로의 소식을 나에게 의지했고, 김 서방은 아이의 재롱을 볼 수 없어 답장을 많이 기다렸다. 훗날 무사히 귀국한 김 서방이 아들, 딸을 줄줄이 낳고 알콩달콩 사는 모습을 보니 보람되고 흐뭇했다.

기도하는 마음으로 편지를 쓰던 때가 있었다. 논산훈련소로 떠나는 아들을 허리 통증 때문에 따라가지 못하고 현관에서 작별을 했다. 건강한 몸으로 자라나 나라의 부름에 나갈 수 있으니 얼마나 감사한 일이냐며 말하던 지인의 얘기는 수긍은 갔지만 현실은 그렇지 않았다. 멍하니 앉아 아무것도 할 수 없었다. 꼼꼼한 아들은 매일 일상을 전해왔다. 40일 간의 군사훈련을 적나라하게 묘사하며 얘기하듯 썼지만 읽는 나는 언제나 마음을 쓸어내렸다. 밤이면 아들 빈방에서 기도하며 처음으로 마음을 나누는 얘기를 편지지에 써 내려갔다. 지금 생각하면 교과서적인 얘기만 강조했지 무한한 가능성이 펼쳐지는 미래의 자기실현이나 꿈을 향한 도전, 진취적인 멋진 삶을 얘기해 주지 못해 아쉬움이 남는다.

통계에 의하면 가장 기억에 남는 편지는 연애편지라고 한다.

상대방에게 자신의 마음을 가장 잘 표현할 수 있는 손 편지는 많은 연인들에게 사랑의 가교 역할을 했다.

> 말없이 건네주고 달아난 차가운 손
> 가슴속 울려주는 눈물 젖은 편지
> 하얀 종이 위에 곱게 써내려간
> 너의 진실 알아내곤 난 그만 울어버렸네

1970년 대 듀엣 가수 어니언스가 부른 「편지」는 청춘들에게 한 번쯤은 편지 속 주인공이 되어 애창하던 노래였다. 사랑의 기쁨보다 실연의 아픔을 노래했지만 젊음은 그렇게 아프면서 성숙하고 또 내일을 꿈꾸었다. 펜팔로 사귀다가 결혼에 골인한 친구의 열정적인 연애담은 더 이상 타인의 얘기가 아니었다.

가깝게 지냈던 초등학교 동창인 그가 군 입대를 하며 주고받은 몇 통의 편지는 우리의 운명(?)을 바꿔 놓았다. 처음엔 서로 안부편지로 시작했다. 나는 고단한 병영 생활을 하고 있는 그에게 위문편지를 보냈다. 요즘 많이 쓰는 말처럼 편지도 비대면이기에 쉽게 할 수 없는 말을 쓰기엔 편리했던 것 같다. 시간이 가며 서로를 이해하고 배려하는 마음을 느끼면서 조금씩 이성 간의 우정은 허물어져 갔다. 감정표현에 서툴러 화려한 언어 기교나 달콤함은 없었지만 진실하고 순수한 마음이 좋았고 편안했다.

　전역을 하며 그는 내 앞에 남자로 나타났다. 늦은 시간까지 영화관에서 영화를 보는 일이 지루할 즈음, 우리는 평생지기가 되어 한솥밥을 먹기로 했다. 지금은 아련한 기억들을 반추하며 황혼의 들녘에서 함께 저물어 가고 있다.

한 지붕 두 가족

겨우내 앙상하던 나뭇가지가 어느새 초록으로 빼곡히 들어차 사이사이로 하늘이 보일 듯 말듯하다. 유적지의 주인행세를 하는 청설모에게 먹이를 제공하는 상수리나무와 밤나무, 손주의 손가락처럼 앙증맞은 단풍나무도 벌써 그늘을 만들어 준다. 오늘은 미세먼지도 약하기에 선사 유적지로 운동을 나왔다. 사람들이 별로 없다. 분홍색과 하얀색 철쭉꽃들은 햇빛을 받으며 눈부신 자태를 뽐내고 있다. 코끝을 스치는 바람은 부드럽고 달콤하다. 넓고 환한 이곳을 혼자 누리니 갑자기 부자가 된 듯하다. 이어폰으로 좋아하는 음악을 들으며 몇 바퀴를 돌았다. 혼자서도 자연과 교감하니 행복하다는 느낌이 들었다. 남편도 이런 느낌이었을까?

식사시간을 제외하곤 남편은 실내에서는 헤드폰을, 외출할 때는 이어폰을 끼고 산다. 어제 오늘 일도 아니니까 새삼스러울 것도 없지만 언제부턴지 난 메아리 없는 외침을 하는 기분이다. 집안에서도 몇 번씩 불러야 겨우 한쪽 이어폰을 떼는 그가 못마땅해졌다. 그러다 보니 언성이 높아지고 짜증을 내게 된다.

예전 같지 않다. 점점 남편과 소통이 단절됐다. 가끔은 자신이 가장 좋아하는 말로나 라흐마니노프의 교향곡을 선심 쓰듯 블루투스로 연결해 클래식을 공유하기도 하지만 정교한 맛이 없다며 금방 헤드폰으로 바꾼다. 묵언 수행이 따로 없다. 집안은 침묵만 흐른다. 난 내 방에서 나오지 않고 독서만 즐기고 남편은 거실에서 여기가 천국이라며 눈을 감고 음악 삼매경에 빠진다. 한 지붕 두 가족이다.

어느 날 같이 살면서 한쪽 귀는 열어 두는 게 상대방을 위한 배려이자 매너가 아니냐며 항의(?)를 했다. 남편은 아무 말도 않고 빤히 쳐다보기만 했다. 함께 수십 년을 살면서 눈빛만 보면 알아야지 꼭 말을 해야 하나? 그리고 할 말이 있으면 헤드폰 벗었을 때 하면 되지 않느냐는 표정이다. 그러나 젊은 날처럼 뇌가 스마트 하지 못해 그때그때 하고 싶은 말을 안 하면 영원히 그 말은 잊어버린다는 게 문제다.

부모의 냉전 기류를 모르는 아들이 선물이라며 음악을 좋아하는 아버지를 위해 성능 좋은 헤드폰을 사 왔다. 아들은 남편 머리에 헤드폰을 씌워주곤 소리가 정말 좋다며 만족스러워 했다. 남편은 헤드폰을 만지작거리며 지금 쓰는 것이 더 좋은 것 같다며 내 눈치를 보았다. 멀찌감치 딸과 식탁에 앉아 있던 나는 딸에게 그동안의 사연을 얘기하곤 곱지 않은 시선으로 부자를 바라보았다. 아들 주문에 따라 헤드폰을 쓰고 거실을 왔다 갔다 하던 남편은 결국 아들이 가져온 헤드폰을 거절했다. 이유는 지금 것이 소리가 더 좋다고 했지만 아직도 알 수 없다. 사실인지…. 통역 일을 하는 딸이 성능 좋은 헤드폰이 필요했다며 자기가 가지겠다고 하면서 얼른 상황을 종료시켰다.

 얼마 전 공지영 작가의 신간 산문집을 읽으며 "당하면 외로움이고 택하면 고독 아니던가"라는 구절 앞에서 눈길을 멈췄다. 평소에 혼자만의 시간을 즐기기 좋아하는 남편은 "고독을 즐기는 사람은 성숙한 사람"이라며 자기 행동을 정당화 했다. 같은 공간에서 남편은 즐기는데 나는 소외된 듯한 외로움을 느껴야 하는지 억울한 생각이 들곤 했다. 바깥 활동량이 줄어들다 보니 부부가 집안에서 함께 있는 시간이 많아졌다. 노후의 부부들이 힘들어하며 겪는 부분들이 우리에게도 찾아온 듯하다. 함께 있어도 외롭다는 말이 이런 것인가? 있는 듯 없는 듯 옆에만 있어 주면 된다는 지인 말이 생각나지만 부부의 의미를 상실한 것 같아 삶이 너무 무기력하다.

몇 번 같은 상황이 벌어져 싫은 소리를 반복해도 개선의 여지가 별로 안 보이는 남편의 독특한 음악사랑은 타인을 위한 배려인 듯 하면서도 지독한 이기심으로 느껴지니 헷갈리기도 한다.

서로의 취미를 존중해 주며 두 사람 모두가 행복한 노후를 위한 소통 방법을 찾던 중 "상대방을 변화시킬 수 없으면 내가 변하자"는 말에 귀를 기울이게 되었다. 친구 H는 나이 들수록 남자들 주장이나 고집을 꺾기가 쉽지 않다며 "더 훌륭한 내가 참자" 하며 위트 있는 대답을 했다. 평화로운 일상을 유지하기 위해 쉽지 않은 인내심이 있었다는 것을 짐작했다.

요즈음은 일주일에 한두 번 넷플릭스에서 하는 영화를 함께 보며 대화를 나누긴 하지만 이어폰과 한 몸으로 사는 건 여전하다. 늦도록 청력이 좋았던 시댁 유전자 덕분(?)에 여생도 한 지붕 두 가족을 면하기는 어려울 것 같다.

2장
내 안에 네가 있다

내 안에 네가 있다

딸을 보내며

쇼오, 안녕!

뉴욕에서 온 선물

외할머니도 운전 잘 해!

사나이 중 사나이

토마토수프

나이는 숫자라지만

눈 먼 사랑

두리의 겨울

내 안에
네가 있다

저녁에 아들 내외가 생일 케이크를 사 들고 왔다.
"어머니 초를 하나만 달라고 하니 제과점 주인이 다시 한 번 쳐다보며 의아해 해요."
"그래? 첫돌 잔치하는 줄 알았겠네."
4월 1일은 남편 두 번째 생일이다. 죽음의 문턱에서 다시 소생한 날을 기념하자며 우리 가족이 정한 날이다. 일 년에 두 차례 생일을 치르는 셈이다. 돌아보면 악몽 같은 시간이었다. 남편과 아들을 동시에 수술실로 보내고 마음을 잡지 못해 성당으로, 병원 로비로 혼이 나간 듯이 헤매던 내 모습이 떠올랐다.
평소에 간 질환을 앓고 있던 남편은 늘 절제된 생활을 해 왔다. 그러나 B형 간염 바이러스 진행은 현대의학으로도 막을 수 없었다. 남편은 간 이식만이 살 길이라는 날벼락 같은 진단을 받았다. 남편 얼굴은 금세 하얗게 질린 듯했고 난 머리를 한 대 얻어맞은 듯 정신이 없는데 아들은 두 번도 생각하지 않고 "제가 하겠습니다" 하고 나섰다.

두려움에 떠는 나를 본 의사는 아직까지 우리나라에선 기증자가 잘못된 일은 없다며 안심시켰다. 초조한 마음으로 기증자를 기다려야 할 필요가 없는 운 좋은 환자인 남편 수술은 일사천리로 진행되었다. 빠를수록 회복도 빠르고 예후가 좋다고 하니 오래 생각할 여지가 없었다.

남편이 잠든 사이 복도로 나왔다. 흐르는 강물도 어제와 같고 올림픽도로는 여전히 수많은 차들로 붐비고 있었다. 어제와 다른 이 기막힌 난관을 어떻게 헤쳐 나가야 하나, 아직 시작도 안 했는데 벌써부터 두렵고 무섭기만 하여 가슴이 두근거렸다. 인간이란 얼마나 이기적인 동물인가. 혹시라도 간을 기증해 줄 사람이 없을까? 이미 아들이 기증자로 나섰지만 내 마음은 갈등하고 있었다.

기대를 하는 나 자신이 어리석었다. 뇌사자나 선의의 기증자를 기다리며 꺼져가는 생명의 불꽃을 잡고 애타게 기다리는 사람들이 얼마나 많은데 이렇듯 염치없는 생각을 하다니. 공여자가 아들이 아니었다면 이렇게 고통스럽지는 않았을 텐데. 이기심 이전에 본능적인 모성의 안타까움이 아닐까? 생각은 꼬리를 물고 이어졌다.

간 질환으로 고통 받는 수많은 사람들은 애타게 기증자를 기다리고 있다. 하지만 기증자도 뇌사자도 수요에는 턱없는 숫자라 급한 사람들은 생체 간이식을 할 수밖에 없다. 대부분 가족들이 기증하지만 혈액형이 같고 지방간이 없는 건강한 간이라야 수혜자의 회복이 빠르다. 조직검사 결과 아들 간은 건강하고 혈액형도 같아 남편에게 적합했다. 공여자는 수술 전에 보다 나은 간을 만들기 위해 알코올은 물론이고 기름기 있는 음식을 피하고 적당한 운동을 하며 기다린다. 아들도 아침마다 운동을 하며 체중 조절과 함께 음식도 가려 먹으며 건강한 간을 공여하기 위해 애썼다.

결혼한 지 일 년, 달콤한 신혼에 젖어있는 아들 내외에게 너무 가혹한 일이라서 차마 수술하란 말을 할 수 없었다. 하지만 아이들은 오히려 나보다 더 적극적이었다. 간이식에 관한 서적을 여러 권 사보기도 하고 인터넷을 찾아서 수술 방법과 성공률을 알아보곤 희망적인 얘기로 우리 부부를 안심시켰다. 아들 내외의 용기와 결단력은 나를 감동시켰다. 나는 방정맞고 극단적인 생각이 더 많이 들어 선뜻 찬성 할 수 없었지만 대안이 없었다. 모든 것을 하늘에 맡기고 수술이 성공하기를 기도하는 수밖에….

인류에게 몰래 불을 전해준 죄로 프로메테우스는 제우스의 노여움을 사 코카서스 바위에 묶여 날마다 낮에는 독수리에게 간을 쪼아 먹히고 밤이 되면 간은 다시 회복되어 영원한 고통을 겪게 되었다는 그리스 로마 신화에서 간의 놀라운 재생력은 입증되었다. 무한한 의학 발전은 타인에게 장기를 이식하는 경지에 이르렀다. 성공률 83퍼센트에 희망을 걸고 남편과 아들은 간절하게 행운을 빌며 수술실로 들어갔다.

8시간의 수술 끝에 아들이 먼저 나왔다. 창백한 얼굴과 초점 없는 눈동자는 무얼 찾는지 자꾸만 두리번거리고 있었다. 잠을 재우지 말라는 간호사의 말에 옆에서 아들에게 계속 말을 시켰다. 의식이 돌아오는지 아버지는 어떻게 되었느냐며 물었다. 천륜이란 이런 걸까. 자신의 장기를 떼어주고 고통스러울 텐데도 아버지 걱정을 하는 아들이 대견하면서도 애처로웠다.

예정 시간보다 두 시간이 단축되어 10시간 만에 남편 수술이 끝났다는 말에 아들은 그만 울음을 터트렸다. 혈압과 맥박을 체크하는 기기들이 경보음을 울리기 시작했다. 간호사의 재빠른 처치로 정상으로 회복이 되었지만 순간 내 가슴은 또 한 번 철렁했다. 혼자서 얼마나 아버지를 걱정했으면 기기마저 놀라 작동을 멈췄을까. 아들의 울음은 주위 사람들까지도 눈시울을 뜨겁

게 했다. 이날의 얘기는 남편 투병 생활 중 종종 약이 되었다. 수
술실에서 나온 남편이 무균실에서 간이식 병동으로 옮겨지면서
힘겨워할 때, 삶의 의지가 느슨해질 때마다 들려주며 재활 의지
를 북돋워 주었다.

수술이 끝나고 무균실로 들어간 남편은 대부분의 환자들이 그
러하듯 사이코시스(정신혼란상태)에 빠졌다. 극심한 공포와 혼
란에, 잠들어 버리면 그대로 죽을 것 같은 압박감에 시달렸다.
밤이면 아들 병실에 있던 나와 며느리를 호출했다. 제발 병원에
서 나가게 해 달라는 남편의 호소, 아들을 위해 조금만 더 참아
달라는 며느리의 간절한 애원을 바라보며 가슴이 미어졌다. 수술
직전까지도 자신의 마음을 보이지 않던 남편은 수술이 실패했다
고 느꼈는지 자신의 이기심 때문에 아들에게 너무 미안한 일을
한 것 같다면서 괴로워하기도 했다. 최선을 다하는 의료진에게
는 신뢰할 수 없다며 치료를 거부해 난처하게 만들기도 했다. 경
험이 많은 의료진들은 오히려 안타까운 듯 우리를 위로했다.

몸에 들어온 아들 간을 적응시키기 위해 남편이 힘든 시간을
보내는 동안, 창밖은 봄이 무르익어 벚꽃은 만개하고 햇살은 눈
부셨다. 그러나 남편에겐 더없이 잔인한 4월이었다. 면역 억제
제의 다량 투여로 면역력이 극도로 약해진 남편은 온몸을 항균
마스크와 의복으로 무장하고 창 안에서 바깥에 있는 봄을 보았

다. 창문을 열 수도 없어 부드러운 봄바람도 달콤한 꽃향기도 모두가 그림일 뿐이었다. 겨울이 아무리 길어도 봄은 오게 마련이고 고통의 시간도 언젠가 지나가리라는 글귀들이 위로가 되며 희망처럼 느껴졌다. 먼저 퇴원한 아들은 다시 직장으로 복귀했고, 남편은 간이식 병동에서 일반병실로 옮겨 재활운동과 함께 서서히 배액관의 수를 줄이면서 퇴원 준비를 했다.

케이크를 자르며 남편과 아들은 농담을 주고받는다. 남편이 "내 안에 네가 있다"고 하자, 아들은 태어나서 받은 간 다시 아버지께 돌려주고 새로 간 하나가 생겼으니 순전히 남는 장사였다며 여유를 부린다. 남편의 투병은 우리에게 큰 아픔이 되었지만 가족의 소중함을 절실히 느끼게 해 준, 서로를 더 많이 사랑하는 계기가 되었다.

딸을 보내며

공항 가는 길은 늘 설렘과 아쉬움이 교차한다. 만남과 이별이 공존하는 그곳, 미지의 땅으로 여행을 가는 사람에겐 기대와 희망으로 한껏 가슴이 부풀기도 하지만 누군가를 떠나보내야 하는 상황일 땐 서운함과 아픔의 시간이 되기도 한다.

네 살배기 외손자는 아빠를 만난다는 기쁨과 비행기를 탄다는 기대감으로 공항 로비를 뛰어다니며 즐거워 하지만 딸은 기쁘지만은 않은 것 같다. 기후 환경이 국내보다 좋지 않은 나라에서 어린 아들을 키우며 적응하기가 만만치 않다는 걸 아는 듯하다. 어린 애가 맞닥뜨리기엔 외국 생활이 녹록지 않다는 것을 경험자인 딸은 잘 알기 때문이리라.

1994년 봄, 남편의 홍콩 발령은 우리 가족들에게 많은 변화를 가져왔다. 그토록 원하던 방송반에 뽑혔다며 좋아하던 초등학교 6학년 철부지 딸은 내키지 않은 표정이었다. 당장 친구들과 헤어지는 것과 원하는 것을 할 수 없다는 눈앞의 일이 더 소중한 나이였으니 나무랄 수도 없었다.

해외 이주는 가족 모두가 어렵고 힘들기는 마찬가지다. 말이 통하지 않으니 외출은 제한적이고 행동반경은 좁아질 수밖에 없었다. 내성적인 딸아이는 더 말수가 줄었다. 어느 날 하교하는 딸에게 학교생활에 대해 물었더니 자기가 아는 것은 점심시간과 집에 오는 시간뿐이라며 울먹였다.

낯선 환경에서 모든 것이 서투른 아이에게 좀 더 세심하게 다독였어야 했는데 나도 새로운 환경에 적응하느라 미처 신경 쓰지 못한 게 미안하다. 딸은 학교에 갔다 오면 집안에서 텔레비전만 봤다. 언어를 빨리 배우기 위한 방법으로 말이 익숙해질 때까지 제재하지 않기로 했다.

이국땅에서 눈치보며 스스로 해결하는 법을 배운 탓일까. 딸은 우리나라로 돌아와서도 자신의 문제는 혼자서 결정하는 습관이 생겼다. 부모가 끼어들 틈을 주지 않았다. 처음엔 대견함보다 서운함이 더 많았고 거리감이 느껴졌다. 부모와 상의 없이 결정하는 잦은 이직은 참을성 없는 요즘 아이들을 보는 것 같아 걱정이 앞섰다. 어느 날 딸은 꿈을 안고 외국계 항공사의 승무원이 되어 자신만의 자유로운 세계로 훨훨 날아갔다.

소심한 나는 걱정과 불안으로 밤잠을 설치는 날이 많아졌다. 위험에 노출된 일이라 여겨서일까. 비행기 날아가는 소리만 들려도 가슴이 두근거리고 그리움에 눈물이 핑 돌기도 했다. 딸은 휴가나 주변 국가를 비행할 땐 가끔 집에 들렀다. 함께 있는 행복한 시간은 금방 지나갔다.

많은 사람들로 붐비는 공항대합실이 외로워 보였다. 말동무라도 해주고 싶어 공항까지 따라가 딸이 눈앞에서 멀어질 때까지 지켜보았다. "비행이 끝나고 돌아와도 집이 아니야" 하던 쓸쓸함이 묻어 있던 딸의 말이 계속 머리에 남아 있었다. 자주적이고 독립적인 사고와 행동으로 스스로 성장할 수 있는 기회를 주는 것도 바람직하다는 지인의 조언 같은 건 귀에 들어오지 않았다. 딸 결정을 적극적으로 말리지 못했다는 후회가 밀려왔다. 언제쯤이면 우리의 이별이 끝날까. 늘 떠나보내야만 하는 난 딸이 하루빨리 우리 품으로 돌아오길 바랄 뿐이었다.

체력의 한계를 체험한 딸은 길지 않은 시간을 채우고 승무원 생활을 접었다. 꿈과 현실이 다르다는 것을 알고 자신의 선택을 수정한 딸은 통역대학원에 진학해 다시 공부를 했다. 용기도 나이 들면 어려운 일이라며 도전적이었던 시간들을 후회하지 않는다고 했다.

 지나간 시간은 언제나 꿈과 같다. 힘들고 어려웠던 시간들도 지나고 나면 추억으로 남는 것, 딸은 낯선 땅에서 보낸 아득했던 시간들을 많이 그리워했다

 남편 옆에 바짝 붙어있던 외손주는 우리 모두가 함께 가는 줄 아는 듯했다. 기념촬영 하자며 딸이 셔터를 눌렀다. 외손주에게 물었다.

"할머니 보고 싶으면 어떻게 하지?"

"저나 해."

 아직 한국말이 서툰 외손주를 꼭 안았다. 녀석의 따스한 체온이 느껴졌다. 찌르르 전율이 오더니 나도 모르게 시야가 흐려졌다. 그래, 차라리 아무 것도 모를 때가 더 나을지 모른다. 딸이 겪었던 힘든 시간들을 잘 알기에 외손주가 더 측은해 보였다.

 출국장으로 딸과 외손주가 들어갔다. 제 어미 손을 꼭 잡고 가는 외손주가 자꾸만 뒤를 돌아본다. 왜 할아버지 할머니는 안 들어 오냐는 듯 궁금한 눈빛이 역력하다. 어서 엄마 손 놓치지 말고 따라가라고 떠미는 시늉을 했다. 멀어지는 딸 뒷모습 위로 홀로 떠나던 지난날 모습이 겹쳐졌다.

쇼오, 안녕!

쌔근쌔근 잠자고 있는 유경이 얼굴이 티없이 맑아 보인다. 돌아눕더니 뭐라 중얼거린다. 무슨 말을 하나 귀를 세웠다.

"쇼오 쇼오~"

아이 얼굴을 자세히 들여다보니 약간 미소를 짓는 듯했다. 이제 겨우 두 돌 된 아기가 잠꼬대를 하다니 신기하다. 아이가 세상에 태어나 알고 있는 몇 안 되는 사람 중 하나인 쇼오. 쇼오는 손녀 유경이가 미국 어린이집에서 유일하게 의지하며 함께 생활했던 일본 아이다.

공부를 하느라 미국에서 돌아온 지 한 달 만에 며느리는 다시 떠났다. 그 빈자리를 채우느라 사랑과 관심으로 조심스레 아이를 돌보고 있는 중에 아들마저 해외출장을 갔다. 지난 밤 아들은 손녀와 자면서 며칠 간 집을 비운다는 얘기를 해주었다. 알아들었는지 아이는 뒤척이며 밤잠을 설치는 듯했다. 나도 손짓과 눈빛으로 아빠가 부재할 것이라는 얘기는 했지만 손녀와 밤을 지낼 걱정에 마음은 불안하기만 했다. 상황을 조금이나마 파악했는지 다행히 아이는 일찍 잠들어 그리운 친구를 꿈속에서 만났나 보다.

손녀가 첫돌이 지나자 공부하는 부모는 모국어도 모르는 아이를 흑인이 운영하는 어린이 집에 보냈다. 환경은 열악하지만 집에서 가깝고 백인이 운영하는 어린이집보다 싸다는 이유에서였다. 아침마다 부모와 떨어지지 않으려는 아이와 아들 내외는 한바탕 울음바다가 되었다. 비단 손녀뿐만이 아닌 맞벌이 부부들의 공통된 어려움이긴 하지만 그 얘기를 멀리서 듣는 나는 마음이 아팠다.

어느 날 아들은 하원하는 아이를 데리러 어린이집에 갔다. 현관 입구에서 보니 유경이는 하릴없이 그저 계단을 오르락내리락 하면서 시간을 보내고 있었다. 한참을 서서 지켜보는데 우연히 제 아빠와 눈이 마주친 유경이는 그만 달려와 아빠 품에서 서럽도록 눈물을 쏟았다고 했다. 마음이 많이 아팠지만 대안이 없었다. 미래의 보다 나은 삶을 위한 자아성취가 과연 딸의 희생을 담보할 만한 가치가 있을까? 아들 내외의 갈등은 깊었지만 꿈과 목표를 포기 할 수 없어 감내할 수밖에 없었다.

그 무렵 어린이집에 쇼오라는 일본 아이가 들어왔다. 또래인 쇼오는 유경이에게 친절하고 다정한 모습으로 다가왔다. 처음엔 쇼오의 친절도 거부하고 싫어했지만 얼마 후 유일하게 피부색이 같은 쇼오와 차츰 가까워져 음식을 먹을 때나 낮잠 잘 때도 함께 했다. 쇼오는 거친 아이들로부터 유경이를 보호해 주는 든든한 보디가드 역할도 했다. 상대방 말을 못 알아듣기는 둘 다 마찬가지지만 아이들 세계는 눈과 몸으로도 의사 전달이 됐다.

남편과 이혼하고 혼자 아들을 키우며 공부하던 쇼오 엄마는 유경이보다 먼저 일본으로 돌아갔다. 이별의 인사도 못한 유경이와 쇼오는 서로 안부가 궁금할 뿐이었다. 그동안 의지했던 쇼오와 정이 들었는지 한국으로 돌아와서도 유경이는 과자를 먹을 때나 장난감 놀이를 할 때 쇼오를 찾아서 가슴이 찡했다.

아들은 모녀를 남겨 두고 먼저 귀국을 했다. 다행히 전문가의 조언으로 땀 냄새 나는 아빠 티셔츠를 남겨 놓았는데 유경이는 집에 오면 늘 아빠 티셔츠를 어깨에 둘러매고 놀았다. 냄새로 기억하는 아빠였다. 안쓰럽지만 그런 행동이 아빠와 함께 한다는 느낌을 갖는다니 신통했다. 이별을 설명하기엔 너무 어려 아들은 어린 딸이 잠든 사이 집을 나섰는데 유경이에게 큰 상실감을 주었다. 말은 할 수 없어도 부모가 부재하는 이유를 설명해 주는 것이 아이에게 충격을 덜 주는 일이란다.

세상이 많이 변해 전업주부가 대부분이었던 우리 때와는 달리 육아 방법도 상황이 많이 변했다. 요즈음 아기들은 부모와 함께 할 수 있는 시간이 너무 적어 안타깝다. 아침에 부모와 헤어져 저녁에야 만나는 생활에 길들여진 손녀는 이제 기다림에 익숙해졌다. 며느리는 아이가 불안하지 않도록 늦어도 아빠 엄마는 꼭 돌아온다고 아이에게 반복해서 얘기해준다. 엄마가 기다려주는 포근하고 든든한 삶이 뭔지도 모르고 살아 갈 아이의 미래가 안타깝지만 그건 치열한 시대에 태어난 아이들 몫이리라.

아이는 사랑으로 큰다고 한다. 주위 친척들의 사랑을 넘치도록 받고 있는 요즈음 유경이 표정이 많이 밝아졌다. 몇 개월 되지 않았지만 우리말을 곧 잘 한다. 얼마 전부터 다니는 놀이학교에서 새로운 친구들도 사귀게 되었다. 우린 유경이가 쇼오를 찾을 때마다 그의 빈자리를 채워 줄 친구가 나타나길 바랐다. 이제 쇼오의 자리엔 은재도 있고 동하도 있다. 유경이는 더 이상 쇼오를 찾지 않는다. 무섭고 외로웠던 뉴욕의 기억들은 점점 희미해져 가고 있다.

"쇼오, 안녕!"

뉴욕에서 온
선물

　　어린 손녀가 깰세라 남편과 함께 살그머니 집을 나와 리버사이드 공원으로 갔다. 지구촌 어느 곳이나 아침을 여는 사람들은 미화원들이다. 금융과 예술의 중심이라는 뉴욕 맨해튼도 아침은 청소차의 물세례로 시작한다. 지난밤에 떨어진 낙엽들이 진공청소기 속으로 사정없이 빨려 들어가고 자동차나 사람들 움직임이 별로 없는 거리는 조용하다. 10여 분 쯤 걸어가니 허드슨 강을 따라 잘 가꾸어진 공원이 보였다. 수령이 오래된 아름드리나무가 많았다. 공원 입구부터 울창한 걸 보니 숲을 잘 가꾸고 보존한 흔적이 보인다. 나뭇잎들도 울긋불긋 물들어 가을이 깊어가고 있다.

애완견을 데리고 운동 나온 이곳 사람들과 함께 허드슨강을 따라 걸어갔다 오는 걸로 아침 운동을 대신했다. 돌아올 때는 초등학교 일학년 쯤 돼 보이는 어린 학생들을 만났는데 귀엽고 사랑스러워 유심히 걸어가는 모습을 살펴보았다.

유경이는 오랜 기다림 끝에 축복처럼 우리에게 왔다. 아들 내외가 결혼한 지 오 년 만에 얻은 생명. 손녀 백일에 장시간 비행도 마다 않고 뉴욕으로 날아갔다. 집안 식구 모두가 기다려왔던 새 생명의 탄생은 기대 이상으로 즐거움을 주었다. 때가 되면 집안에는 아이 울음소리가 들려야 된다는 어른들 말씀이 뭔지 알 것 같았다. 아직은 울음으로만 의사표현을 하는 천진난만한 아기지만 하루가 다르게 살이 오르고 변화하는 모습이 경이롭다.

공부하는 아들 부부를 위해 우리는 가사 분담부터 육아까지 도와주었다. 햇볕이 따사로운 오후엔 유아차에 아기를 태우고 센트럴파크로 나갔다. 도심 안에 이렇게 큰 공원을 만들어 시민들 휴식과 여가를 활용하게 하는 미국 사람들의 여유로움이 부럽기도 했다. 잔디밭에서는 여자아이들이 축구를 하고 있었다. 가벼운 옷차림으로 공을 차는 모습이 남자아이들 못지않게 씩씩하고 민첩해 보였다. 손녀가 생긴 후론 여자아이들 모습이 더 눈에 들어온다.

감을 잡을 수 없을 만큼 규모가 큰 공원에는 다양한 행사가 눈길을 끌었다. 하얀 백조 한 마리인 듯 얼굴부터 발끝까지 하얗게 분장을 한 표정 없는 발레리나가 보기에도 위태롭게 작은 상자 위에서 다양한 포즈를 취하고 있었다. 가까이 가서 기념사진을 찍으니 우리에게 도움을 청했다. 형편이 어려운 무용수였다. 그가 서 있던 상자는 '모금통'이었다. 건너편에서는 웃음소리와 음악 소리가 어울려 시끌벅적하다. 주말을 맞아 자신들의 고유 음식과 음악으로 흥겨운 시간을 보내는 멕시칸들이란다. 사람 사는 곳이면 어디든 명암이 공존하는 것 같다.

작은 연못가에서 장난치는 개구쟁이 꼬마의 금발머리가 햇빛에 반사되어 눈부시게 빛나고 젊은 아빠는 경계의 눈빛으로 지켜보고 있다. 옆에서는 만삭의 여인이 불룩한 배를 내밀고 다양한 포즈를 취하며 기념촬영을 하고 있다. 얼마 전 며느리가 보내온 만삭 사진이 떠올랐다. 결혼한 부부에게 아이가 생기는 일은 당연하고 예사로운 일이지만 어떤 사람들에겐 간절한 일이기도 하다. 어렵게 세상에 나온 손녀는 기도하는 마음으로 아이를 기다렸던 우리 가족에게 벅찬 감동으로 찾아온 선물이었다.

손녀는 처음 보는 풍경과 사람들이 마냥 신기한 듯 방실방실 웃는다. 바람이 불 때마다 곱게 물든 나무들과 공원 주위의 높은 빌딩들은 호수 위에서 춤을 추며 일렁이고 있다.

우수수 떨어지는 은행나무 밑에서 서성이던 한 남자가 기억났다. 센트럴공원의 무르익어 가는 가을을 영상으로 옮겨와 인상 깊었던 영화 『뉴욕의 가을』에 나온 윌(리차드 기어 분)이다. 뉴욕에서 식당을 경영하는 바람기 많은 윌이 자신보다 스무 살도 더 어린 샬롯을 유혹하며 사랑은 시작된다. 그런데 샬롯이 지난 날 자신이 사귀었던 연인의 딸이라는 것을 알고 갈등하던 윌이 다른 여인들을 만나며 샬롯의 마음을 아프게 한다. 그러나 윌은 샬롯이 시한부 생명임을 알고 진실한 사랑을 하지 못한 후회와 죄책감에 괴로워한다. 먼 곳까지 달려가 의사를 데려오지만 샬롯은 끝내 뉴욕의 짧은 가을처럼 가버리고 말았다. 무책임과 성실하지 못했던 과거를 돌아보던 쓸쓸한 중년 사내의 처연한 모습과 흘러간 과거는 다시 돌아오지 않는다는 평범한 진리가 긴 여운으로 남았다. 영화의 배경인 센트럴공원에서 나는 뉴욕의 가을을 만끽하고 있다.

빨간 단풍잎과 샛노란 은행잎이 깔아 준 화려하고 푹신한 낙엽 위로 남편이 유아차를 밀고 간다. 그의 어깨 위로 팽그르르 몇 번 선회를 하던 노란 은행잎이 떨어진다. 어느덧 추억을 먹고 사는 나이가 된 우리 부부, 눈에 넣어도 아프지 않은 손녀와의 만남은 삶이 얼마나 아름다운가를 깨닫게 해주었다. 귀염둥이 손녀와 데이트하는 평범하고 인자한 할아버지 뒷모습이 평화롭다. 손녀는 어느새 유아차 안에서 쌔근거리며 잠이 들었다.

지난 크리스마스엔 며느리가 재치 있고 기발한 선물을 보내왔다. 예쁜 옷을 입은 인형 같은 손녀를 상자에서 막 꺼내는 장면을 찍어 카카오톡으로 보내왔다. 크리스마스 선물이라는 내용과 함께…. 아들 내외의 익살도 있었지만 이보다 더 큰 선물이 어디 있으랴.

훗날, 눈처럼 날리던 센트럴파크의 노란 은행잎과 짧았던 그곳의 가을을 그리워하며 손녀가 기억하지 못한 생애 첫 가을은 뉴욕에서 할아버지 할머니와 함께했다고 일러주리라.

외할머니도 운전 잘 해!

　　가족 단체대화방에 카카오톡 알림이 울렸다. 어린이집에서 온 손자 알림장이다. 아들네와 우리는 매일 어린이집에서 학부모에게 보내는 아이의 일과를 단체 대화방에 올려 정보를 공유하고 있었다. 습관대로 알림장을 읽어내려 가던 나는 당혹스러웠다. 평소처럼 어린이집에서 보낸 아이의 일과가 자세히 적혀 있었는데 마지막 줄에 적힌 글을 보곤 충격을 받았다.
　　"○○가 요즘 하원 때 외조부모님과 친조부모님 오실 때 기분이 달라요. 가정에서 어떤지 궁금합니다. 간단하게라도 알림장에 적어주시면 감사 하겠습니다."
　　선생님은 알림장을 아들 부부와 우리가 공유하는지 모르는 듯

했다.
　직장 일이 바쁜 아들 내외를 돕느라 우리는 사돈과 번갈아 가며 손주들을 돌보고 있다. 아침이면 아들은 세 살짜리 손자를 직장 어린이집에 보내고 며느리는 손녀를 유치원에 데려다주느라 바쁘게 움직인다. 우리의 역할은 하원을 시켜서 큰애는 학원에 보내고 작은 녀석인 손자는 집으로 데려와 놀아주고 저녁을 먹은 후 아들 내외가 돌아오면 집으로 온다.
　26개월 된 손자는 16개월 때부터 어린이집을 다녔다. 처음 적응하는 동안은 온 가족이 힘들었다. 아침에는 제 아빠를 떨어지지 않으려 했고 하원 시에는 부모가 오지 않고 우리가 왔다고 해서 울어대는 녀석을 달래느라 진땀을 빼기도 했다.
　겨우 적응하나 싶었는데 얼마 전부터 하원 때 우리가 가면 선생님과 나오다가 그만 발길을 멈추며 안 나오려고 했다. 우리는 반갑게 웃으며 엄마 보러 가자며 아이를 억지로 안고 나왔다. 차에 태워 온갖 아양(?)을 떨며 준비해간 과자와 과일을 먹이는데 대뜸 외할아버지와 외할머니를 찾는다. 우리가 녀석을 충족시키지 못한 부분이 무엇인지 궁금증이 생겼다.
　손자가 태어난 지 2개월이 되었을 무렵, 미숙한 육아도우미가 감기에 걸린 손자가 기관지염으로 진행될 때까지 미처 발견을 하지 못해 급기야 응급실로 실려 가게 되었다. 손자는 며칠 동안 깨어나지 못하고 잠만 잤다. 위기를 맞은 녀석은 대학병원까지 가 가족들을 애타게 했다. 폐렴으로 악화된 손자를 안고 병원을 옮기던 아들은 울먹이며 내게 기도를 부탁했다.

그날 밤 성당으로 달려간 나는 성모상 앞에서 눈물로 기도를 했다. 바람 앞 촛불 같은 가녀린 생명에게 부디 주님의 은총이 함께 하길 간절히 빌었다. 뜬눈으로 밤을 새고 새벽같이 달려가 보니 아이는 긴 잠에서 깨어나 젖병을 빨고 있었다. 손자가 다시 태어난 듯 반가웠다. 우리를 보자 방긋방긋 웃으며 아는 체 하는 것 같았다. 자신이 깜깜한 터널을 지나온 것도 모르고 웃고 있다. 가슴이 울컥했다. 아직은 너무나 약하고 천진한 아기를 보니 지난날 아이들을 키울 때 돌아가신 친정어머니가 우리에게 하신 말씀이 떠올랐다. "저 어린 것들이 누굴 믿고 이 세상에 나왔겠니?" 하시며 부모는 자식의 비바람을 막아주어야 한다며 무한책임을 강조하셨다.

만 두 살 전에는 위험하지만 않으면 제재를 하지 않아도 된다고 한다. 고집이 센 손자 녀석은 막무가내로 떼를 쓰기도 해 남편은 훈육을 했다. 아무리 어려도 안 되는 것은 안 된다는 것을 알아야 한다는 요즘 말로 꼰대 교육을 한 거다.

사돈은 아이들에게 '안 돼'와 같은 부정적인 언어를 잘 쓰지 않는다. 어릴 때 제재를 하면 커서 기가 죽는다며 며느리에게 아이들을 야단치지 말라고 한다. 손주들에게 우리가 언제나 좋아하는 사람 순위에서 밀리는 이유다. 사돈은 손녀가 놀이터에서 놀 때면 맨발로 같이 아이들과 달리기를 하며 눈높이를 맞추며 놀아주어 우리를 놀라게 한다. 사돈의 헌신적이고 에너지 넘치는 놀아주기에 난 감탄하며 늘 고맙게 생각한다.

별문제 없이 손주들과 보람과 기쁨을 느끼며 교감했는데 이번 일은 여간 신경이 쓰이지 않았다. 나름 최선을 다한다고 생각했던 나는 조금 서운하기도 했다. 남편은 사돈에게 어떻게 아이를 다루는지 물어보라고 하고, 아들 내외는 보육 방법이 다른 양가 부모들 사이에서 곤란해 했다. 아무리 어려도 아이들은 상황을 보며 누가 자신의 제일 보호자인가를 파악한다고 한다. 손자 녀석도 우리만 있을 땐 나만 졸졸 따라다니며 이거 하자 저거 하자 요구를 하고 우리 부부는 손자 뜻대로 역할놀이를 하며 돌본다.

시대가 변해 맞벌이 부부가 대세다 보니 조부모들의 손주 돌보기는 예사가 되었다. 일 때문에 늦게까지 돌아오지 않는 부모를 애타게 기다리는 아이들의 까만 눈을 보면 가슴이 찌릿해 진다. 부모를 대신 할 수는 없지만 가능한 편안한 분위기를 만들어 정서적으로 불안하지 않게 해 주려고 노력한다.

주말이면 아들 가족은 우리 집에 온다. 가까이에 사는 외손자까지 합세하여 우리집은 주말 어린이집이 된다. 거실을 뛰어다니며 층간소음의 원인을 제공하는 아이들이 신경 쓰여 안절부절 못할 때가 많다.

　모자람 없이 잘 해 주고 있다고 생각했는데 손자 녀석 마음 한 구석에 무엇이 부족했던 걸까? 며칠이 지나도 달라지지 않는 손자 행동은 우리 사랑이 부족한 듯 여겨져 선생님 보기에 민망했다. 손자 마음을 얻기 위해 우리는 물량 공세로 나가 보기도 했다. 가방 속엔 아이가 좋아하는 비타민사탕을 비롯해 젤리, 야쿠르트, 과자, 과일 등을 잔뜩 넣어 갔다.

　하지만 근본적인 문제 해결이 되지 않아 고민이 생기기 시작했다. 주위 친척들에게 조언을 구했다. 또래 손주를 키우는 지인들 양육 방법은 한결같이 사돈이 하는 몬테소리 교육법과 비슷했다. 몬테소리는 집안에서 함께 요리도 하고 모래 놀이를 하며 촉감을 느끼게 하는 등 실제 생활과 밀접한 감각훈련이다. 그런 활동이 사고력과 집중력을 높인다고 한다. 전문 교육기관에서 하는 이런 전문적인 교육을 집안에서까지 해야 한다니 조부모 역할이 커진 시대라고는 하지만 회의가 들기도 했다. 아이가 인지 능력이 발달하면 저절로 판단하지 않을까 기대하며 내 능력의 한계를 느끼며 할머니 역할에 선을 긋는다.

　며칠 전 하원 때 아이를 차에 태워 먹을 걸 펼쳐 놓고 수다스럽게 "우리 뭘 먹을까? 어린이 집에서 누구랑 놀았지? 친구 이름은 뭐야? 할아버지 운전 잘하지?"하며 녀석의 마음을 사려고 온갖 수다를 다 떨었다. 녀석의 대답은 너무도 생뚱맞았다.

"외할머니도 운전 잘 해!"

사나이 중
사나이

 여섯 살 된 손자는 유난히 야구를 좋아한다. 몇 번 잠실야구장을 다녀온 뒤론 외출 때나 집에서나 좋아하는 팀 유니폼을 벗지 않는다. 어린이집에 갈 때도 매일 유니폼을 입고 다녀 야구 교실에 다니는 아이로 착각하기도 한다. 더운 여름에도 야구선수처럼 하얀색 긴바지를 입고 모자를 꼭 쓰고 다닌다. 등에는 자기가 좋아하는 선수 이름과 등 번호까지 새겨 넣고서 말이다. 단순히 유니폼만 좋아하는 게 아니라 실제 공을 던지고 받는 일도 또래들 중엔 수준급이다.
 요즈음엔 야구를 잘하는 방법과 규칙을 가르치는 책도 탐독하고 있다. 그래서 그런지 운동을 하기 전에 꼭 손목과 발목을 풀며 준비운동을 한다. 앙증맞은 두 손을 깍지 끼고 흔들며 힘을 빼는 모습은 슬며시 웃음을 자아낸다.

처음엔 얼마 동안 저러다 말겠지 했는데 날이 갈수록 야구에 빠져 어디를 가도 글러브와 야구방망이를 가지고 다니며 같이 하자고 조른다. 고사리 같은 손으로 글러브를 끼고 떨어지는 공을 받아내는 걸 보면 정말 야구에 '진심'이란 걸 느낀다. 아이가 감기에 잘 걸리는 게 걱정이던 가족들은 건강과 남자다움을 강조하며 적극적으로 응원했다. 손자 성화에 같이 공을 던지다 넘어져 고생도 했지만 건강하게 자라는 손자를 보면 대수롭지 않게 여겨진다.

미디어 발달로 보고 듣는 게 많은 요즘 아이들은 무엇이든지 빠른 것 같다. 하지만 손자가 이해하기엔 아직 어려운 말들이 많다. 이해되지 않는 말이 나오면 놓치지 않고 우리에게 묻곤 한다. 오늘도 함께 놀던 중 어린이 프로에서 보고 들었는지 "할머니 사나이 중 사나이가 뭐야?"하고 물었다. 갑작스러운 질문에 잠시 생각하는데 손자는 "아 할머니, 산에 사는 아이야?" 한다. 사나이가 뭔지 모르는 아이는 '사나이'를 '산 아이'로 이해했던 듯하다. 너무 엉뚱하고 귀엽기도 해 웃음이 나왔다.

아들과 딸을 키우면서 남자와 여자는 많이 다르다는 것을 느껐다. 남자의 속성이란 아무래도 여자보단 거칠고 장난이 심했다. 호기심과 승부욕이 강했던 아들은 어디를 가든 조용히 있지 못하고 집안을 뒤지고 개구쟁이 짓을 많이 했다. 걱정하는 나에게 지인은 사내아이는 좀 부산스러워도 별 허물이 안 된다며 호기심은 오히려 학업에 도움이 된다며 위로하듯 말했다.

우리네 정서는 남자는 강해야 하고 쉽게 울어서도 안 된다며 사내아이들 어깨를 무겁게 하는 잘못된 교육을 강요했다. 그렇게 들으면서 자란 나도 아들에게 밖에서 맞고 울고 들어오면 못났다고 야단을 쳤다. 은근히 아들에겐 정신적으로 압박을 하며 키운 것 같아서 미안해진다.

딸이 동영상을 보내왔다. 아이가 맞고 들어오면 "네가 폭력을 폭력으로 대하지 않아 정말 다행이고 훌륭하다"고 칭찬해 주는 교육전문가의 얘기가 감동적이다. 함께 살아가야 할 미래의 아이들에게 물리적인 힘의 논리는 이제 먹히지 않는다. 교육수준이 높아지며 저절로 의식도 높아졌다. 더불어 살아가는 데에 목표를 두고 상대방 인격을 존중해주는 시대가 아닌가. 아이는 자신의 한계를 스스로 알 수 있기에 그에 따른 대처를 배운다고 한다. 아이의 기질과 정체성을 우리는 인정해 주면 된다. 물리적인 힘으로 이기는 것이 결코 강한 것도 남자다움도 아니다. 돌아보면 참으로 어리석고 미숙했던 편견은 나에게 부끄러운 기억으로 남아있다.

며칠 전 집안 행사로 딸 가족과 아들네가 함께 집에 왔다. 아이들 셋이 모이면 집안은 금방 난장판이 된다. 초등학교 2학년인 외손자가 손자와 베개로 치고받기 놀이를 했다. 힘으로는 도저히 상대가 안 되는 손자는 일방적으로 당하기만 했다. 외손자가 가고 난 뒤 손자는 혼자 침대 위에서 베개로 벽을 치며 분개하고 있었다. 나름 자존심이 강한 손자는 울지도 못하고 맞은 것이 억울했나 보다. 벽에다 분풀이하듯 땀을 뻘뻘 흘리며 계속해서 치고 있었다. 그만하라 말렸지만 손자는 "형아가 남자는 강해져야 한다"며 베개로 자신을 사정없이 쳤단다. 요즘 외손자 녀석이 만화 삼국지 읽기에 흠뻑 빠져 있다고 자랑하더니 힘의 우위만이 남자다움을 인정받는 줄로 알았나 보다. 꼬맹이 손자에게 진정 멋진 남자는 힘만으로 결정되는 게 아니란 걸 이해시키고 싶었지만 아직은 너무 어려 적당한 어휘가 떠오르지 않았다.

야구경기를 할 때 규칙을 철저히 지키는 손자의 페어플레이 정신은 어린아이답지 않게 성숙하다. 발이 빨라 어린이집에서 달리기를 할 때 늦게 들어오는 아이들을 도와준다는 아이의 장점과 페어플레이 정신을 칭찬하며 최대한 이해시켜 보았다.

"할머니 생각에는 너와 같은 아이가 사나이 중 사나이야" 하면서 엄지손가락을 치켜세웠다.

"정말로?"

천진난만하게 웃는 손자 얼굴 위로 따사로운 햇살이 부서지며 손자의 여섯 살 여름이 지나가고 있다.

토마토수프

요즈음은 계절과 상관없이 웬만한 과일과 채소들을 시장에서 볼 수 있지만 싱싱하고 탐스런 과일을 먹기엔 역시 여름이 최고다. 제철에 나는 채소나 과일을 먹는 게 건강에 좋다는 사실은 누구나 아는 상식이다. 그중에서도 과일과 채소 두 가지 이름으로 우리 식탁을 풍요롭게 해주는 토마토는 여름이 가장 맛있는 계절인 듯싶다.

여름이면 내가 즐겨 애용하는 채소는 토마토다. 서양에서는 토마토가 안 들어간 음식이 없을 정도라지만 우리나라에선 후식이나 간식으로 많이 챙겨 먹었다. 30년 전 처음으로 맛 본 토마토수프에 반해 지금까지 즐겨 요리해 먹고 있다.

아이들이 어릴 적 잠시 남편이 홍콩 주재원으로 근무할 때 토요일이면 주로 외식을 했다. 아이들이 좋아하는 맥도날드 가격은 한국보다 저렴하고 맛있어서 비교적 자주 이용했다. 각자 햄버거를 하나씩 시키고 아이들은 초콜릿 아이스크림과 감자튀김을 시켰는데 메뉴에 수프도 있어서 어른들은 처음 보는 빨간 수프를 시켰다. 맛이 궁금하여 한 숟갈 떠먹는 순간 의외로 친근한 맛이 느껴졌다. 빨간 물에 쇠고기와 양파 양배추가 몇 점 떠다니는 정도였다. 마치 쇠고기 국을 먹는 듯하면서도 새콤하고 달콤한 맛이 거부감 없이 우리 입맛에 잘 맞았다. 러시아가 고향인 '보쉬수프'라고 했다.

한국에 돌아와 친구 집에 초대를 받아 갔다. 보쉬수프와 똑같은 수프가 나왔는데 맛은 완전히 달랐다. 친구는 야채수프라고 했다. 집에 돌아와 몇 번씩 끓여보며 보쉬수프 맛을 찾기 시작했다. 빨간색의 주인공은 토마토였다. 기름기가 적은 쇠고기와 함께 끓인 토마토에 각종 채소를 깍둑 썰어 푹 끓여 우린 물이 수프 맛을 깊게 했다. 토마토는 완숙된 게 색깔이나 식감이 좋다. 처음에는 토마토를 껍질째 넣었지만 식감이 좋지 않아 끓는 물에 데쳐 껍질을 벗겼더니 훨씬 맛이 부드러웠다. 자주 만들다 보니 요령이 생겨 재료도 가감해 보고 농도도 자유자재로 해봤다. 감자, 당근, 양파, 양배추, 파프리카 등을 먼저 넣고 열에 약한

브로콜리는 색이 변하지 않게 수프가 거의 다 익어갈 무렵에 넣는 것도 요령이다. 색을 진하고 감칠맛 나게 보이게 하기 위해 토마토 페이스트나 케첩을 마지막에 몇 순갈 넣으니 토마토의 진한 맛이 느껴졌다. 여름철이면 많이 끓여 냉장고에 넣어두고 먹곤 했다.

토마토는 많이 사 두어도 너무 익으면 수프를 끓이면 되니 버리지 않아서 좋다. 물론 전문가들의 정확한 조리법으로 만든 수프와는 다르겠지만 우리 곁에 있는 재료로 우리 입맛에 맞는 나만의 수프는 소통과 관계의 역할을 톡톡히 했다.

아들이 결혼했지만 공부하는 며느리는 시간이 없어 요리를 제대로 할 수 없었다. 밑반찬이며 신선한 샐러드와 토마토수프를 정기적으로 날라다 주었다. 한 시간 이상 끓인 수프는 국물이 깊고 진했다. 재료마다 색깔도 다르고 맛도 다르지만 한데 어울린 맛은 제각각 다른 음색을 가진 연주자들이 만든 오케스트라 화음처럼 잘 어울린다며 며느리는 감탄하며 수프를 좋아했다. 식사대용으로 수프를 한 그릇 먹으면 포만감은 물론 영양적으로 전혀 손색이 없으니 바쁜 아들 부부에겐 안성맞춤이었다.

아들이 결혼한 지 5년 만에 손녀가 태어났다. 식구들 기쁨은 이루 말로 다할 수 없었다. 며느리는 산후조리원에서 퇴원하자 친정으로 들어갔다. 카카오톡으로 영상을 매일 보내 주지만 아쉽기만 했다. 사돈댁이라 쉽게 갈 수도 없고 애가 탔다. 그때 머리를 스치고 가는 아이디어가 있었으니, 그건 며느리가 좋아하는 토마토수프였다. 때마침 여름철이라 뜨거운 태양 아래서 맛있게 익은 토마토가 흔한 계절이었다. 당장 토마토 수프를 끓였다. 수프를 갖다 준다는 핑계로 일주일에 한 번씩 손녀를 볼 수 있었다. 뿐만 아니라 사돈댁과 관계도 좋아졌다. 우리 때문에 점심 하느라 고생한 사돈에게 미안하여 우리도 사돈댁을 초대하기도 했다. 어느새 사돈과 친구 같은 관계가 되어 양가 분위기가 화기애애했다. 토마토수프는 두 집안의 서먹했던 벽을 허물고 다리가 되어 주었다.

언제부턴가 인터넷에서는 마녀수프니 마약수프니 하면서 이름이 바뀌어 쇠고기 대신 치킨스톡이나 생크림 등 서구 양념들이 많이 들어가는 다이어트 음식으로 각광을 받는 음식이 되었다. 평소에 잘 사용하지 않는 재료나 복잡한 것을 싫어하는 나는 주위에서 나는 우리 채소로 단순하게 하는 법을 고수하고 있다. 한두 가지 빠지더라도 냉장고에 있는 재료를 가능한 이용한다. 아무래도 쉽게 재료를 구하고 조리법이 간단해야 자주 해 먹을 수 있기 때문이다. 입맛이 없을 때나 바쁠 때 한꺼번에 해놓고 먹을 수 있는 토마토수프는 이제 나의 소울푸드가 되었다.

나이는
숫자라지만

흔히들 나이 때문에 새로운 일에 도전하기 두려워하거나 망설이고 있을 때 용기와 희망을 가지라는 격려의 의미로 '나이는 숫자일 뿐'이라고 한다. 하지만 오래전부터 중증이다 할 정도의 내 건망증이나 둔한 몸놀림은 '나이는 못 속여'라는 말이 절로 나오게 한다. 더구나 정확하고 예리했던 남편마저 깜박깜박 하는 것을 보면 저물어가는 석양을 보는 듯해서 안타깝고 서글퍼진다. 사소한 일을 가지고도 서로 자기 기억이 옳다고 실랑이를 벌일 때가 빈번하다 보니 목소리 크고 우기는 사람이 진실에 관계없이 이긴다.

지난 봄 남편과 미국에 있는 아들 집에 다녀왔다. 바쁜 아들 내외를 위해 나는 주로 손녀 돌보기와 주방 일을 하고 남편은 세탁물을 담당하곤 했다. 그날 아침 사건도 지금은 우리부부의 공동 실수라고 말하지만 처음엔 서로 내 탓, 네 탓 하며 다투었다.

  그곳 세탁시스템은 먼저 세탁조에서 세탁을 한 후 다시 건조기로 옮겨 세탁을 끝내는데 남편은 비교적 사람이 많지 않은 새벽 시간에 세탁물을 들고 지하 세탁실로 갔다. 세탁실로 간 지 한 시간쯤 지나 남편이 세탁바구니를 들고 들어오며 벌컥 화를 냈다. 쏟아 놓은 세탁물은 온통 풀어진 휴지 조각이 묻어 세탁하기 전보다 더 지저분했다. 남편 왈, 내가 기저귀를 세탁물 모으는 바구니에 넣었다는 것이었다. 그럴 리가 없다며 억울함을 얘기하다 지금 시시비비를 가릴 때가 아니라는 생각이 들어 고무장갑을 끼고 다시 세탁물을 담아 남편과 지하 세탁실로 갔다. 기저귀에서 풀어진 휴지 조각 때문에 세탁기가 고장이라도 나면 큰일이었다. 뉴욕에 갈 때마다 우리 부부는 낯선 그곳 정서와 문화 때문에 자주 사고를 쳤다. 밖에서 아들이 돌아오면 오늘은 무슨 일 없었느냐며 묻곤 했다.

  정말 어처구니가 없었다. 드럼세탁기 사이사이엔 오물과 휴지 조각이 완전히 빠지지 않아 일일이 손으로 닦아내야만 했다. 남편 말에 의하면 어저께 관리실에서 모든 세탁기와 건조기를 점검하고 깨끗이 청소를 했다고 한다. 남편도 은근히 걱정이 되는 듯했다. 더러워진 세탁물을 일일이 수돗물에 하나하나 다시 씻으며, 내가 설령 실수로 기저귀를 세탁바구니에 넣었더라도 세탁할 때 잘 살펴보았어야 되지 않았느냐며 투덜댔다. 자신의 실수를 인정하는지 남편은 말이 없었다. 기억은 없지만 아마도 내가 손녀 기저귀를 갈아 줄 때 쓰레기통 옆 세탁바구니에 던져 넣은 것 같았다. 내 건망증이 원망스럽고 한편 남자들이 해보지 않던 일을 어떻게 여자처럼 할 수 있으랴 싶어 마음속으로 미안해졌다.

한참을 바쁘게 움직이고 나니 진땀이 났다. 헹군 세탁물을 다시 건조기에 넣고 집으로 가니 아들 내외는 미안하고 안타까운지 측은한 눈빛으로 우리를 바라보았다. 아이들 눈에는 우리가 벌써 판단력이 흐려진 노인으로 보이는 건 아닐까 싶어 순간 서글퍼졌다. 실수를 한 후면 늘 자괴감과 함께 늙어가는 내 모습에 우울해진다.

일찍이 시어머님을 떠나보내고 집안의 권한과 책임을 맡아 대소사를 해결하고 허겁지겁 아이들을 키우던 내 40대는 화살처럼 지나갔다. 치명적인 암 선고로 죽음의 문턱에서 살아있는 것만으로도 축복이었던 50대의 감사했던 시간들을 기억하며 나이 같은 건 의식하지 않고 살기로 했다.

긴장의 끈을 너무 느슨하게 한 탓인지 노화가 급격히 찾아 왔다. 언제부터인가 새로 나온 가전제품을 사면 남편과 서로 상대방에게 사용법을 알아보라고 미룬다. 성격 탓도 있지만 이젠 뭔가 새로운 것에 호기심이 없는 것 같고 도전 정신도 없다. 단순하고 쉬운 것에 익숙해져 있고 노화에 따라 오는 불편함을 애써 극복하려는 의지보다 순리로 생각하며 쉽게 적응해 버린다. 깨알 같은 글씨를 일일이 돋보기를 쓰고 읽어야 하니 번거롭고 귀찮아진다. 나이는 못 속인다고 합리화시키며 아이들 도움을 받는다.

며칠 전 여성의 로망이라는 로맨틱 영화 『노트북』을 남편과 함께 보았다. 한 여자를 평생토록 아낌없이 사랑한 남자 노아와 앨런의 아름다운 사랑 이야기다. 조건이 맞지 않아 앨런의 부모는 결혼을 적극 말리지만 두 사람의 사랑은 장애의 벽을 뛰어넘어 가정을 이룬다. 노인이 된 앨런이 치매에 걸려 남편과 자식도 몰라보자 요양원에 들어가게 된다. 노아는 자청하여 앨런에게 책을 읽어주는 봉사를 하게 된다. 노아가 처음 앨런을 본 순간부터 사랑했던 자신들의 지나간 이야기를 반복해 들려주며 그의 정신이 돌아오기를 안타까운 마음으로 기다린다. 남의 얘기 같지 않고 누구도 자신 할 수 없는 미래 같아서 찡한 여운이 남았다.

은퇴 후 집안에서 적나라한 내 모습을 지켜본 남편은 우리는 서로를 몰라보는 비극적인 일만은 생기지 않았으면 했다. 확실치 않은 기억으로 남편에게 억지를 부렸던 일들이 슬그머니 떠올랐다. 대부분 내가 우기는 경우가 많고 남편은 양보한다. 그렇게 해서라도 평화를 유지하려는 노력을 알지만 모른 체 할 뿐이다. 60대는 서로 가여워서 산다고 하지 않던가.

노령화 시대, 수명은 길어지고 겉모습만으로는 나이를 짐작할 수가 없다. 건강과 징수를 위헤 몸에 좋다는 음식과 넘쳐나는 정보의 홍수는 오히려 무엇을 먹어야 할지 선택을 망설이게 한다. 특히 여자들은 얼굴만으로는 나이를 가늠할 수 없으니. 철저하게 자기 관리를 한 사람들이 TV에 나와 젊음을 자랑한다. 나이는 숫자에 불과하다는 말은 그들 몫인 것 같다. 따라 해 보지만 언제나 작심삼일이다.

일주일에 서너 번씩 하던 걷기 운동도 춥다는 핑계로 쉬고 있다. 규칙적인 운동과 식습관으로 자신을 관리하는 남편이 아파트 계단이라도 오르내려 보란다. 숨차서 못 하겠다며 또 나이 타령이다. 이러다 앨런처럼 남편도 몰라보는 때가 오면 어쩌나 은근히 걱정이 된다.

눈 먼 사랑

　남해 고속터미널을 출발한 버스가 한 시간쯤 달렸을 때 운전기사가 뜻밖의 방송을 했다. 피곤에 지쳐 잠시 잠들었던 나는 비몽사몽 기사의 방송 소리에 눈을 떴다. 승객들은 수런대기 시작했고 기사는 다시 한 번 안내방송을 했다. 사연인 즉 승객 중 누군가가 화장실이 급하여 자신의 부모에게 전화를 했고 그 부모는 버스회사에 연락을 해서 우리가 타고 가는 버스 기사에게 연락을 한 거였다. 참으로 어처구니없는 일이었다. 앞좌석에 앉아 있던 나는 뒤를 돌아보았다. 아무리 봐도 미성년자는 없는 듯했고 젊은 청년과 대학생으로 보이는 여자애 몇 명이 맨 뒷좌석에 앉아 있었다. 승객들도 두리번거리며 기가 막혀 하는 듯했다.

미국서 살다가 몇 년 만에 고국을 방문한 친구 K가 젊은 날 추억을 상기하자는 말에 네 명의 벗들이 남해를 다녀오던 중이었다. 연휴라 고속도로는 많은 차량들로 붐볐고 약속된 시간에 종착지에 도착해야 하는 기사는 급한 나머지 첫 번째 휴게소를 승객들 동의 없이 그냥 지나쳐 버렸다. 그 미안함 때문에 기사는 갓길에 차를 세울 테니 용무가 급한 사람은 숲속에서라도 볼일을 보라고 했다. 자신의 의무에만 충실하려 했던 기사는 전화한 사람의 프라이버시 같은 건 미처 생각을 못한 것 같았다. 몇 번이나 기사는 같은 말을 반복했지만 아무도 나오지 않았다. 아주머니 한 분이 용무가 급한들 차를 세우면 나오겠냐며 그냥 다음 휴게소까지 빨리 가자고 했고 대부분의 사람들도 그게 옳다고 하자 기사는 그제야 다시 달리기 시작했다.

다음 휴게소에서 내린 친구들은 버스 안에서 일어난 조금 전의 어처구니없는 일을 성토하기 시작했다. 주제는 단연코 요즈음 아이들 사고와 부모들 과잉보호에 관한 것이었다. 성인이 되어서도 자신의 의견을 말하지 못하는 자녀나, 운전하는 기사에게까지 전화를 하는 부모도 문제가 있는 듯했다. 언제까지, 어디까지 부모가 챙겨주어야 하냐며 요즈음 아이들의 장래를 걱정했다.

한편으론 수줍은 여자아이가 급한 마음에 부모에게 연락할 수도 있겠지 하며 이해를 하기도 하고, 기사의 생각이 조금만 더 깊었더라면 전화 받은 사실을 말하지 않고 자연스레 휴게소를 지나쳤다며 잠시 쉬어가겠다고 했으면 좋았을 텐데 하는 아쉬움이 있었다. 하지만 성인이 되면 자신의 문제는 스스로 해결할 수 있어야 하지 않을까 하는 점에서는 모두가 동의했다.

정신적 경제적인 면을 비롯하여 모든 것을 부모에게 의지하여 살아가는 젊은 세대를 '캥거루족'이라 한다. 이 말은 미국에서 유래된 용어다. 아이가 전혀 능력이 없다기보다 부모의 과잉보호가 문제라고 한다. 오늘 같은 일을 겪으니 더욱더 피부에 와 닿는 느낌이다. 최근에는 고학력 캥거루족이 15퍼센트나 늘어 그 수가 자그마치 116만 명이나 된다고 한다.

오래전 얘기지만 자식을 과잉보호했던 부끄러운 기억 하나가 떠올랐다. 해외에서 몇 년 살다 온 우리는 아들 녀석을 고등학교 일 학년에 편입시켰다. 어느 날 아침 녀석은 감기로 열이 많이 나 학교를 갈지 말지 망설이고 있었다. 하루빨리 학교생활에 적응할 수 있도록 하기 위해 결석만은 안 시키려고 약국에 다녀와서 아들을 데리고 택시를 탔다. 차로 십분 남짓한 거리를 초등학생 데리고 가듯 옆에 앉아서 갔다. 아마도 그때 내 눈에는 아들 녀석이 마냥 어린애로 보였는지 많이 아프면 집에 오라는 둥 점심은 어떻게 먹으라는 둥 지나치게 어린애 취급을 했던 것 같다. 백미러로 우리 모자를 힐끗힐끗 훔쳐보던 택시기사가 혼자 보내도 될 나이인 것 같다며 나에게 한 방을 먹였다. 순간 멍해져 있던 나는 아이가 해외에서 온 지 며칠 안 되었고 많이 아프다며 궁색한 변명을 한 적이 있다. 그때의 무안했던 기억은 아직도 잊혀지지 않는다. 그때를 계기로 자식을 지나치게 보호하고 있지는 않은지 매사 되돌아보게 되었다. 어쩌면 그 승객 부모도 스스로 해결해야 된다고 타이르기보다 당장 아이의 불편함을 해결해야겠다는 마음이 더 급하게 다가왔을지도 모른다.

대부분 부모가 자식 앞에서는 자칫 이성을 잃어버리게 된다. 부모는 자식의 모든 것을 해결해 주는 만능이어야 한다는 게 요즈음 부모나 자식들의 공통된 생각이다. 그렇지 않은 부모는 능력 없는 사람으로 인정하는 세태가 아닌가.

얼마 전 네일숍을 하는 지인이 요즈음 여자아이들이 어머니와 같이 와서는 자기 의사는 전혀 없이 어머니가 이 색깔 저 색깔 골라주는 대로만 한다며 도무지 자기 생각이 없는 것 같다고 했다. 나약한 요즈음 남자아이들을 빗댄 유머로 아들 대신 엄마가 군대 갈 수 있다면 대신 가리라는 말과도 일맥상통했다.

자식을 위해 부모가 희생하는 건 예나 지금이나 다를 바 없다. 물질적으로 풍요로운 지금 지난날 자신들이 누리지 못했던 결핍을 채워주며 자식을 사랑하는 것으로 착각하고 있지는 않는지, 어릴 적부터 부모의 지나친 간섭이나 주장이 아이들 자립심을 꺾지는 않는지, 아직도 자녀들에게 물고기를 잡아다 바치는 어리석음을 반복하고 있지는 않는지 반성해 볼 일이다. 눈먼 사랑이 때로는 자식의 세상 보는 눈과 판단을 멀게 하거나 흐리게 할 수도 있다. 좀 더 냉정하고 이성적인 부모부터 되어야 자식의 홀로서기가 이루어지지 않을까.

두리의 겨울

어제 내린 눈으로 나목들은 하얀 솜옷으로 갈아입고 세상은 온통 은빛으로 물들었다. 남쪽으로 내려갈수록 눈송이가 탐스러운 걸 보면 경상북도 북부지방이 더 많은 눈 세례를 받았나 보다. 폭설 때문에 도로 사정이 좋지 않을 것 같아 딸의 시골 행을 막았지만 고집을 꺾을 수 없어 나도 동행하기로 했다. 강아지의 겨울나기가 걱정되어 떠난다니 말릴 수도 없었다. 전생에 딸과 강아지 두리는 연인 사이라도 되었는지 헤어진 지 칠 년이 지났는데도 잊지 못하고 한결같은 사랑으로 돌보고 있다.

두리가 우리 집을 떠나 시골로 내려간 후 일곱 번째 겨울을 맞았다. 집을 떠나던 날 남편 승용차 뒤 유리창에 붙어 서서 멍하니 나를 바라보던 두리 모습을 아직도 잊을 수 없다. 어린 자식을 남의 집에 보내는 듯 마음이 아팠지만 아들 건강이 더 중요했으므로 우리 가족은 두리를 떠나보낼 수밖에 없었다. 아무리 귀하고 어여뻐도 동물이 사람보다 우선일 수는 없기에….

장난감을 사듯 딸은 친구와 함께 갓 태어난 시추 강아지를 사서 친구 자취방에서 기르다가 친구가 이사를 가자 집으로 데리고 왔다. 외출했다 돌아오면 반갑다며 꼬리를 흔드는 녀석 재롱에 우리 가족은 점점 빠져들었다. 그러나 아들은 집에 들어오면 코가 막히고 답답하다며 아예 강아지를 곁에도 못 오게 하며 싫어했다. 어느 날 밖에서 들어온 아들이 갑자기 호흡 곤란을 일으켜 응급실로 갔다. 원인은 집 먼지와 강아지 털 때문이라는 것이었다. 두리에겐 안됐지만 당장 데려 갈 사람을 수소문했다.

따뜻한 집안에서 살아온 두리에게 너무 큰 충격과 시련이 닥쳤다. 엄동설한에 시골 지인 집으로 간 두리는 하루 만에 뛰쳐나와 논둑을 헤매다가 이튿날 아침 논두렁 건초더미에서 발견되었다. 낯선 환경과 처음 보는 사람들로 인한 두려움이 얼마나 컸을까 짐작이 갔다. 이후에도 몇 번 다른 사람에게 옮겨졌으나 소문에 모두 잘 지내지 못한다는 얘기가 들려 왔다. 딱한 사정을 들은 친정어머니가 불쌍하다며 거두어 주겠다고 했다.

사람과 함께 사람처럼 살던 두리는 마당개가 되었다. 가엾고 안쓰러운 마음이야 말할 수 없지만 그때는 그것이 최상의 선택이었다. 가끔씩 친정에 들를 때면 흙 마당에 뒹굴어 지저분한 모습이 지난날 복스럽고 귀엽던 두리가 아니었으나 건강해 보였다. 연로하신 어머니도 강아지 재롱을 보며 외로움을 달래기도 했는데 해마다 겨울이 오면 이산가족이 되었다. 노환으로 힘겨워 하시는 어머니가 겨울엔 서울서 머무르는 시간이 많았기 때문이다.

딸은 우리가 두리를 버리지 않았다는 것을 알게 해야 한다며 맛있는 간식을 사서 주말이면 가끔 두리를 찾아 갔다. 나중에 여건이 되면 유기견 센터를 운영하고 싶다는 딸의 동물 사랑은 유난스럽다. 지난여름에는 이빨이 좋지 않아 사료를 먹을 때면 얼굴을 찡그리며 아파한다는 소식을 듣고 딸은 스케일링을 시켜주며 이제 노견이 된 것 같다며 부드러운 노견용 사료를 사서 부쳐주곤 했다. 끝까지 책임지려는 마음이 예쁘기는 하지만 언제까지 할 수 있을지 걱정도 된다.

반려견으로 가족처럼 지내다가도 상황이 나빠지면 버리는 사람들 때문에 유기견 숫자는 매년 늘어나는 추세다. 해마다 버려지는 개가 10만 마리가 넘는다는 보도다. 한때는 귀엽다며 사랑을 주며 키우다가 돈이 많이 든다고, 귀찮다고 몰래 버린다고 한다. 유기견 센터에서는 10일간 보호하다가 거두어 줄 사람이 나타나지 않으면 안락사 시킨다고 한다. 인간의 이기심이 동물학대로 이어지는 유기견 수의 증가를 생각하면 키우던 개를 함부로 버릴 수도 없을뿐더러 가족처럼 지내온 시간을 돌이켜보면 떼어놓은 것조차 마음이 아프다.

대문을 들어서니 사람이 살고 있는 것처럼 마당에 쌓인 눈이 한쪽으로 치워져 있었다. 근처에 살고 있는 지인이 이번 겨울에는 강아지를 돌보기로 했다더니 사람이 왔다 간 흔적이 보였다. 두리는 우리를 보자 꼬리를 흔들며 계속 짖어댔다. 마치 왜 이제 왔느냐며 야속해하는 것 같기도 하고 할머니가 궁금하다는 것 같기도 했다.

주인이 없어서 그런지 많이 수척해 보였다. 가져온 겨울옷을 입히고 따뜻한 라면 국물에 밥을 말아 주었다. 개의 식사는 아니지만 겨울이면 춥다고 어머니가 하시던 방법이었다. 굶주리기도 했으련만 두리는 음식보단 우리와 눈을 마주치며 하소연 하듯 뭐라고 웅얼거렸다. 몇 시간 후면 또다시 헤어져야 하는데 마음이 무거워졌다.

갑자기 건강이 나빠져 서둘러 서울로 오신 어머니는 방바닥에 깔린 이부자리도 치우지 못하고 오셨다. 한 달 동안 사람 온기를 느끼지 못한 집안은 냉랭하기만 했다. 이제 생의 끝자락에서 레테의 강을 건너가려는 어머니, 당신이 떠나면 강아지는 누가 돌보겠느냐며 어린 자식을 두고 떠나는 사람처럼 걱정이 많으셨다. 전화기 옆에는 어머니가 시골을 떠나오기 전날까지의 일기가 남아 있었다. 달력을 묶어서 만든 공책이지만 어머니에겐 당신이 살아있음을 증거 할 수 있는 유일한 기록이었다. 어머니는 자식들이 당신 제삿날이라도 정확히 기억하길 바라는 마음에 매일 매일 기록을 남기셨다. 그렇다고 대단한 얘기도 없다. 그저 날짜를 적고 "오늘은 성당에서 밥을 가져 왔다", "오늘 성당에서 온 도시락엔 반찬이 세 가지다.", "오늘 반찬은 맛이 없다, 오늘은 국이 맛있다"등 성당에서 독거노인에게 배달해주는 식사에 관한 메모에 지나지 않는 글이다.

지난가을, 새벽에 방에서 마루로 내려오려던 어머니가 어지럼증으로 넘어졌다. 머리에 피를 흘리며 허우적거리는 모습을 마당에 있던 강아지가 보고 큰소리로 짖은 덕분에 동네 사람들에게 발견되어 어머니가 위기를 면하기도 했다. 아침이면 강아지 짖는 소리에 억지로라도 일어나시던 어머니에겐 서로가 필요로 하는 사이가 되었다. 강아지 때문에 쉬이 집을 떠나지 못하는 것을 아는 동네 사람들은 그까짓 개 누구에게라도 주어버리면 되지 않느냐고 하지만 집집마다 한 마리 정도는 키우고 있기에 가져갈 사람도 없고 개장수에게 넘기면 강아지는 갈 곳이 하나밖에 없다.

딸은 두리를 품에 안고 내려놓지 못하고 있다. 두리는 딸 얼굴을 보고 또 보면서 평안해했다. 책임지지 못하는 안타까운 마음에 조금이라도 더 사랑을 주고 싶어 하는 딸 마음을 두리도 아는 걸까? 잠자리를 따뜻한 이불로 갈아주고 드나드는 문에 커튼을 쳐 주는 것이 이번 겨울 우리가 두리에게 할 수 있는 최대의 방한 준비였다.

혹한의 겨울을 주인도 없는 집에서 견뎌내야 하는 두리의 안타까운 처지를 뒤로 한 채 집을 나섰다. 이번 겨울은 유난히 춥다는데 6년을 거두어준 어머니와도 영영 이별 할지 모르는 위기에 처한 두리의 앞날이 걱정이다. 대문 밖을 한 참 벗어났는데도 두리가 짖는 소리가 끊이지 않아 발걸음이 무겁기만 했다.

3장
아름다운 죄인

자카르타의 이방인

생애 가장 길었던 저녁 시간

부겐빌레아

신사의 나라

아름다운 죄인

탱자나무집

시간의 길

돌아오지 않는 그녀

가을날

찬수의 고백

자카르타의 이방인

　　　올해도 이슬람의 금식 성월인 라마단이 시작되었다. 하얀 이바야(얼굴과 손을 제외한 몸 전체를 하얗게 감싸는 무슬림 여인들의 옷)를 입고 합장한 여인들 모습이 조간신문 1면을 장식했다. 경건해 보이는 여인들 얼굴 위로 낯익은 한 여자의 얼굴이 겹쳐지며 기억의 조각들이 선명해졌다.
　　　2007년 인도네시아 수도 자카르타 임지로 남편이 먼저 떠나고 한 달 뒤 나도 따라갔다. 내가 알고 있는 인도네시아는 수많은 섬들로 이루어진 인구가 세계 4위인 인구 대국이며 세계 최대의 이슬람 국가라는 정도였다. 혼자 낯선 곳으로 간다는 두려움에 조금 긴장이 되었다. 밤늦게 자카르타에 도착하여 집에 오니 긴 비행으로 피곤에 지친 몸은 금방 쓰러질듯 꿈나라로 갔다.
새벽녘 단잠을 깨우는 이상한 소리에 눈을 떴다. 무슬림들의 기도와 독경 소리였다. 마을마다 모스크(이슬람 사원)가 있어 새벽마다 스피커를 통해 독경 소리를 내보내고 있었다. 새벽의 불청객 같은 독경 소리도 시간이 지나며 익숙해지는 것을 보면 인간은 환경의 지배를 받는 동물임이 맞는 듯했다.

남편 출근을 준비하려고 주방으로 들어서니 키가 작고 눈이 큰 소녀가 눈빛으로 인사를 하며 살짝 미소를 지었다. 집안 살림을 도와주는 도우미였다. 언어가 통하지 않는 우리는 눈빛과 바디 랭귀지로 의사소통을 했다. 언어와 문화가 다른 이곳에서 적응하기 위해 독학으로 인니어에 도전했고 그녀를 상대로 실전 연습을 했다.

어느 날 주방문을 열었더니 주방에 딸린 방 앞에서 이바야를 입은 도우미가 매트 위에 엎드려 절을 하고 있었다. 그도 무슬림이었다. 그들은 하루에 다섯 번 메카 쪽을 향해 기도한다. 삶과 신앙이 하나라고 생각하는 그들의 순종적인 신앙관은 어디를 가든 어느 곳에 있든 기도 시간엔 모두 매트를 깔고 기도를 했다.

시간이 지나 간단한 인니어 정도를 습득하게 된 나는 그와 소통하며 한국 요리를 가르쳐 주었다. 김밥을 단단하게 잘 싸고 갈

치조림까지 할 줄 아는 그를 보며 우리 집에 오기 전에 한국인 가정에 있었다는 것을 알게 되었다.

아파트 단지를 산책하다 보면 아기를 업거나 유아차를 밀고 나온 도우미가 많았다. 아기를 업은 도우미가 "자장자장" 하며 아이를 재우고 있었다. 신기하고 놀라워서 어떻게 그 노래를 아느냐고 물었더니 한국인 주인에게 배웠다고 했다.

육아 문제로 출산율이 감소해 국가 소멸까지 걱정되는 요즈음 한국 현실을 생각하면 인도네시아는 젊은이들에겐 참으로 부러운 나라 같았다. 한국 S사에서 나왔다는 젊은 여인은 이곳에 와서 아이를 하나 더 낳았다며 만족해했다. 인구가 많고 인건비가 싸다 보니 주재원들은 한두 명씩 도우미를 두고 살고 있었다.

아이들이 다 성장하여 한국에 두고 온 나는 학부모 자리는 졸업한 터라 만나서 소통할 사람이 별로 없다보니 생활 반경이 제한적일 수밖에 없었다. 출근하는 남편은 치안이 불안하니 자신이 퇴근할 때까지는 혼자서 대중교통으로 외출을 하지 말라며 당부를 하고 나갔다.

'그린뷰'라는 아파트 이름에 걸맞게 주위에는 골프장을 위시하여 하늘을 찌를 듯 키 큰 야자수 나무와 아름다운 녹색 물결로 일렁이는 풍경은 매력이 넘쳐났다. 열대의 정열적인 꽃이 지천으로 피어있는 황홀한 모습에 취하기도 했지만 시간이 지날수록 혼자만의 시간이 많아 외로움은 커져갔다. 저녁 무렵이면 부겐빌레아가 만개한 발코니에 서서 지평선 너머로 막 넘어가는 석양이 모습을 감출 때까지 바라보는 습관이 생겼다. 이방인의 외로움이 밀려올 땐 아이들이 있는 한국으로 다시 돌아오곤 했다.

그곳에 머무르는 동안 몇 번의 라마단을 경험했다. 경전에 따라 철저하게 금식을 하는 그들의 신앙이 경이로웠다. 라마단 기간에는 아침부터 물도 마시지 않는 그들이지만 저녁 6시 이후부터 밤늦도록 먹고 마시며 즐긴다. 아침과 점심을 먹지 않는데도 라마단 기간에 쌀 소비가 제일 많다고 하니 참으로 아이러니하게 느껴졌다.

우리 집 도우미도 낮에는 자기 방에서 잠만 자다 저녁에는 친구들을 불러 모아 웃고 떠들며 깔깔대는 소리가 우리가 있는 거실까지 들려왔다. 약자에게 우호적인 남편은 떠드는 소리도 개의치 않고 오히려 그들에게 과일을 내주라고 했다. 인연을 소중히 여기는 남편은 운전기사도 도우미도 각별히 챙겼다. 아랫사람을 부리는 일에 익숙하지 않고 성격상 모질지도 못한 나도 남편과 별반 차이가 없다 보니 느리고 게으른 도우미를 탓하지도 않았다. 딸과 같은 나이인 그를 가족처럼 따뜻하게 대했다. 이런 우리의 어쭙잖은 동정심과 배려 때문에 훗날 그가 후임자에게 부지런하지 않다는 이유로 해고될 줄은 까맣게 몰랐다.

소녀 가장인 도우미는 집에 한 번 가려면 비행기는 엄두도 못 내고 버스와 기차, 배를 번갈아 타고 2~3일을 가야 한다고 했다. 식탁 위에는 가끔 그의 메모가 있었는데 늘 가불 해 달라는 얘기였다. 형제들 학비를 도와준다고 했다. 1960~70년대 우리나라 시골 소녀들이 서울로 식모살이를 가던 모습과 비슷해 안쓰러웠다.

전쟁으로 폐허가 된 하마스 땅에서도 올해 라마단 저녁 식사는 성대해 보였다. 이곳에서 만난 지인은 이슬람이 중동이 아닌 인도네시아나 동남아에서 발생했다면 오늘날과 같은 '중동의 화약고'라는 말은 없었을 거라고 했다. 이슬람이 '신에게 복종한다'는 뜻인 것처럼 종교만이 구원이요 영생의 길이라 믿는 인도네시아 사람들은 순수하고 순종적이었다. 우리 집 운전기사도 무슬림이었는데 차를 타고 가다가 걸인이 보이면 창을 내리고 잔돈을 주었다. 율법에 따라 나눔을 실천하는 일이 몸에 배어 있었다. 가난하지만 그들은 언제나 밝고 긍정적이며 낙천적인 데가 있었다. 이방인인 나에겐 신기하면서도 욕심 없는 그들이 따뜻하게 느껴졌다.

우리와 함께 있을 때 결혼을 한 도우미는 이제 40대가 되었을 텐데 아이는 몇이나 낳았을까? 자주 배탈이 났던 나를 위해 고소하고 부드럽게 흰죽을 끓여주던 도우미가 생각난다.

새벽녘의 독경 소리, 텅 빈 집안에서 인니어와 싸우며 보낸 시간, 천장 위로 기어가는 도마뱀에 놀란 가슴을 쓸어내렸던 순간, 그 외로웠던 시간들이 그리움이 될 줄이야.

생애 가장 길었던
저녁 시간

율 브리너의 대머리와 중저음 매력이 돋보였던 영화 『왕과 나』를 뮤지컬로 볼 수 있다는 기대와 흥분으로 남편과 링컨센터 메트로폴리탄을 찾았다. 기분과는 달리 추적추적 겨울비가 내리고 있었다. 뉴욕에 올 때마다 공부하는 아들 내외를 위해 손주 육아와 가사를 도와준다. 아들은 감사의 뜻으로 음악회나 뮤지컬, 오페라 관람 티켓을 선물로 주었다.

몇 차례 링컨센터를 드나들다 보니 장르에 따라 관람객의 연령이나 분위기를 느낄 수 있었다. 클래식한 교향곡 공연은 주로 칠팔십 대 노인 관람객이 많았다. 정장을 한 할아버지 할머니의 정갈한 모습은 공연 문화를 대하는 그들의 격조 높은 삶을 말해

주는 듯했다. 뮤지컬은 오페라나 클래식 음악공연보다는 대중적이어서 관람객들 연령이 다양했다. 오랜 세월 사랑받는 『왕과 나』는 이날도 극장 안에 빈자리가 보이지 않을 만큼 성황이었다.

1860년 대 태국 시암의 왕 라마 4세와 가정교사 안나 사이의 이야기를 담은 로맨틱 뮤지컬 『왕과 나』는 젊은 미망인 안나가 시암 왕의 초청을 받고 왕자와 왕녀들을 가르치기 위해 영국에서 아들 루이와 함께 방콕 항구에 도착하는 장면으로 시작된다.

안나는 무지한 왕과 사사건건 부딪치며 어긋난다. 문화 차이로 왕과 안나가 충돌할 때마다 관객들은 웃음이 터지지만 영어 실력의 한계에 웃지 못하는 나는 기가 죽었다. 쉰 듯한 목소리의 대머리 시암 왕 역 배우는 시종 맨발로 무대를 장악하며 마초 같은 매력을 발산했다. 13명의 아이들(실제는 60명 이었다고 한다)과 그들의 어머니인 왕의 여자들이 자식들을 데리고 와 안나에게 인사시키는 모습은 재미와 웃음을 선사했다. 야만적이고 괴팍해 보이던 왕도 안나의 열정과 노력으로 쉘 위 댄스를 추며 무대를 가득 채울 때는 나도 모르게 흥얼거리며 그들과 하나가 되었다. 유명한 쉘 위 댄스가 『왕과 나』에서 시작되었다는 사실도 처음 알았다. 화려한 조명과 흥겨운 음악, 전통적인 태국 의상들을 보는 것만으로도 즐거웠던 1부가 끝나고 로비로 나갈 때까지만 해도 잠시 뒤 벌어질 사건은 예상하지 못했다.

2부가 막 시작될 때였다. 발이 아파 왔다. 남편은 신발을 벗으라고 했다. 부츠라서 그런지 잘 벗겨지지 않았다. 나는 좌석 앞턱에 발을 살짝 올려 신발에서 발을 빼려고 했다. 순간 신발 한 짝이 스르르 아래층으로 떨어졌다. 갑자기 눈앞이 캄캄해지며 아찔했다. 극이 다 끝날 때까지 머릿속이 하얗게 빈 듯했다. 만약 아래층 관객에게 떨어져 버리라도 맞았다면 어떻게 되는 걸까? 막이 오르기 전 누군가 팸플릿을 앞 난간 위에 놓은 것을 보고 안내원이 달려와 치우라고 했는데 그걸 보고서도 이런 큰 실수를 하다니 조신하지 못한 내 행동을 반성하기엔 이미 엎질러진 물이었다. 머릿속에선 온갖 상황이 펼쳐졌다. 떨어진 신발에 맞은 사람이 극장 측에 항의하며 당장 나를 잡으러 올 것만 같았다. 불안은 꼬리에 꼬리를 물고 공포의 드라마를 만들고 있었다. 멀리 미국까지 와서 '어글리 코리언'이 되어 집안 망신, 나라 망신시키는 건 아닐까. 머리가 아프기 시작했다.

무대에서는 무용수들이 영화에서는 볼 수 없는 화려하고 역동적인 춤을 추며 분위기를 띄우고 있었다. 남편은 자기 일이 아니라서 그런지 아니면 성격이 낙천적이어서 그런지 웃기도 하면서 극에 빠져 있었다. 나쁜 일이 일어나면 누군가를 탓하게 된다더니 신발을 벗게 한 남편이 야속하고 좌석을 맨 앞줄에 예약해준 아들이 원망스러웠다. 심지어 이대로 집으로 가버릴까 싶은 마음도 들었다. 내가 너무 소심하고 비겁하게 느껴져 자괴감마저 들었다. 걱정하는 나에게 남편은 극이 끝나면 아래층에 가서 찾아보자는 말만 했다. 의외로 나보다 단순하다는 생각을 했지만 한편 심각하지 않아서 불안감이 조금 해소되기도 했다.

극은 이미 많은 장면이 바뀌고 드디어 시암 왕이 죽는 듯했다. 그 전까지 어떤 상황이 벌어졌는지 극에 몰입할 형편이 안 된 나로선 임종을 지키는 안나와 시암 왕의 마지막 모습만 눈에 들어올 뿐이었다. 우레와 같은 박수 소리와 함께 배우들이 무대 인사를 했다. 남편에게 걱정하느라 제대로 보지 못한 마음을 들키고 싶지 않아 같이 박수치고 재미있었다는 표정을 지었다.

남편이 나가면서 안내원에게 신발을 잃어버렸다고 했다. 안내원은 친절하게도 "오우 파운드(found)"라고 했다. 눈물이 날 듯 반가웠다. 신발을 찾아서 반가운 게 아니라 내가 우려했던 극단적인 사건이 일어나지 않았다는 안도감으로 너무나 고맙게 느껴진 단어였다. 오랜 체증이 내려가는 듯했다. 더 이상 물어볼 것 없다는 듯 아래층으로 갔다. 나오는 사람들을 헤집고 들어가려고 하니 다른 안내원이 무얼 도와줄까 물었다. 신발을 찾는다고 하니 분실물 보관소에 있다고 했다. 이 사람들 왜 이렇게 친절하지? 이렇게 큰 실수를 했는데 주의나 충고도 하지 않다니, 아니 분실물센터에서 벌금 같은 게 있을지도 몰라. 차라리 그렇다면 다행이었다. 한쪽 신발만 신은 우스꽝스런 모습으로 분실물 보관소로 달려갔다. 다른 분실물은 없고 내 신발 한 짝만 동그마니 앉아 있었다. 신발이 나를 보고 이 칠칠치 못한 여자야 하고 나무라는 듯했다. 조금 전까지 불안에 떨었던 마음은 간 데 없고 자수하여 광명 찾은 기분이었다. 생애 가장 길었던 저녁 시간이 흘러갔다.

부겐빌레아

　　　　오월처럼 아름답고 푸른 남국 지중해로 날아갔
다. 불빛도 없는 깜깜한 밤하늘을 비행한 항공기는 카타르 도하
에 착륙했다. 환승자로 가득한 공항에서 1시간 정도 머물다가
그리스 아테네 행 비행기로 환승 했다.
　아테네 시내를 달리는 버스에서 바라본 도로변엔 신기하게도
뽕나무가 가로수를 대신하고 있었다. 신전을 닮은 건물들은 이
곳이 고대 그리스와 서구 문명의 발상지임을 말해준다. 아파트
베란다에는 뜨거운 햇살을 받으며 매혹적인 모습으로 나그네의
눈길을 사로잡는 부겐빌레아가 한창이었다. 지중해의 꽃이라는
부겐빌레아. 강렬한 빨강과 보라색 빛깔이 더욱더 로맨틱하게

보인다. 부겐빌레아가 꽃이라는 것을 알기까지 나에게 있었던 조금 특별한 일들이 떠올랐다.

꿈꾸는 카사비앙카 바다와 맞닿은 그곳에
붉은빛에 부겐빌레아 그대를 기다리네
잊지 못할 그리움 그댈 찾아 길을 나서면
와인 빛에 그날의 바다 나처럼 울고 있네
석양은 물드는데 그댄 어디쯤 있나
늦은 아침이 오면 그대 내일은 오시려나

오래전 「언덕 위의 하얀 집-카사비앙카」라는 제목으로 많이 불리던 노래다. 그러나 TV 드라마 『황금사과』의 주제곡으로 가사가 완전히 바뀌어서 허스키한 목소리의 여자 가수가 부르고 있었다. 사랑했던 연인을 떠나보내고 기다리는 여인의 슬픔이 나에게도 전해오는 듯해 가슴이 찡해지는 곡이었다. '나도 가수다'라는 프로그램에서 그 노래를 부른 주인공이 '적우'란 걸 알았다. 전엔 가수 얼굴도 모른 채 CD를 사서 차 안에서 즐겨 들었다. 흐느끼듯 애절한 목소리가 매력적이었다. 지방에서 근무하는 남편과 서울과 대구를 오르내리며 즐겨 들었다. 남편 근무지 대구에서 출발한 차가 서울 집에 도착했지만 노래가 끝나지 않으면 아파트 주위를 맴돌다 들어가기도 했다. 부겐빌레아가 무엇인지 몹시 궁금했다. 처음엔 사람 이름인지 지명인지 모른 채 노래를 흥얼거리다 인터넷을 통해 꽃 이름이란 걸 알았다. 아열대에서 자라는 부겐빌레아는 우리나라에는 흔하지 않았다. 어쩌다 화원에서 가끔 볼 수 있었는데 꽃 모양이 진달래와 비슷했다.

어느 날 제주도 여미지 식물원에서 그 부겐빌레아를 만났다. 오랜 궁금증이 풀린 것이다. 이름이 예쁘고 특이해서 그런지 건망증이 심한 내 머리도 부겐빌레아는 각인 되었다. 지척에서 처음 만난 부겐빌레아는 연분홍색 얇은 종이 같은 작은 꽃들이 넝쿨이 되어 기둥을 타고 올라 쉼터에 그늘을 만들어 주고 있었다. 요즘이야 해외여행이 잦아서 동남아만 가면 길거리에서도 많이 볼 수 있는 흔한 꽃이지만 우리나라에선 아직 기후 조건 때문에 실내에서만 키울 수 있는 꽃이다.

2007년 남편이 인도네시아로 발령이 난 후엔 이 꽃은 나와 더욱 친밀한 관계가 되었다.

남편이 먼저 떠나고 한 달 후에 혼자서 인도네시아 자카르타를 가게 되었다. 무슬림들의 기도 소리에 잠을 깬 후 창문을 열고 발코니로 발을 옮기니 직경이 오십 센티도 더 되는 커다란 항아리에 연보라 빛 꽃들이 탐스럽게 피어 나를 반겨 주는 게 아닌

가. 이름도 모르는 꽃을 보며 정말 예쁘구나 하며 코를 갖다 대 보았다. 아름답지만 향은 없었다. 그러고 보니 거실 앞 베란다에 도 붉은색 꽃들이 넝쿨져 베란다 아래까지 내려와 있었다. 부겐 빌레아였다. 아열대지방에서 자란다더니 그곳에서는 흔했다.

뿐만 아니라 아파트 입구엔 우리나라 개나리처럼 담장에 늘어 진 채 바람에 흔들리고 있었다. 색깔도 다양해 흰색, 보라색, 오 렌지색, 빨간색 등 그야말로 총천연색이었다. 아주 얇은 종이처 럼 생겼다 하여 인도네시아에서도 종이꽃으로도 불렸다. 우리가 알고 있는 분홍색 잎은 꽃잎이 아닌 자신의 꽃을 보호하기 위한 하나의 위장술이고 분홍색 잎 속에 있는 하얀 색 꽃이 부겐빌레 아라고 한다. 오묘하고 신비롭다. 이 꽃의 발견자인 프랑스 사람 드 부겐빌레아(De Bougainville)의 이름을 따 꽃 이름이 붙여졌 다고 한다.

하루에도 몇 번씩이나 부겐빌레아와 친구가 되어 만져도 보고 오래된 잎을 따주기도 하면서 이국에서의 지루한 시간들을 견뎠 다. 가끔씩 인도네시아에 가는 나에겐 아는 사람도 많지 않아 시 간을 죽이며 견뎌냈다는 말이 더 적절했다.

아이들이 장성하여 서울에서 다들 일을 하고 있어 일 년에 서 너 번씩 자카르타를 오가며 두 집 살림을 했다. 자카르타에 있는 집은 가정부 아이에게만 맡기다 보니 한 번씩 이곳에 가면 꽃들에게 손길이 가지 않은 티가 났다. 가정부 아이에게 서툰 인니어로 관심을 가지고 가꾸라며 잔소리를 할 때면 남편은 인도네시아에 있는 동안 이곳 사람들에게 잘 대해주라고 했다. 인연이 얼마나 특별하면 우리와 한 집에 살겠느냐며 부처님 같은 소리를 한다. 불가에서는 옷깃만 스쳐도 인연이라 한다며 한 집에 같이 사는 것은 삼 천 겁의 인연이라고 했다.

인연이 어디 인간관계에만 있으랴. 부겐빌레아는 나와 한 집에서 몇 년을 동거하며 기쁨을 주었으니 이 어찌 인연이 아니겠는가. 그래서 그런지 부겐빌레아는 언제 어디서 만나든 지인을 본 듯 반갑다.

남편이 출근하고 나면 아파트를 나와 걸어서 7분 거리에 있는 골프장으로 산책을 나갔다. 비교적 부유한 동네라 벽의 높이도 높았다. 어느 집이나 부겐빌레아는 담장을 장식하며 환하게 피어 있어 높은 벽에 대한 거부감을 반감시켜 주었다.

골프장 입구 매점에선 음료수를 팔았는데 기억에 남는 한 여인이 있었다. 운동하러 온 사람들에게 담배를 낱개로 팔고 있었다. 나에겐 음료수를 사 먹으라며 권하곤 했다. 두 병을 사서 하나는 그녀에게 주었더니 좋아하며 다시 냉장고에 넣었다. 남편 없이 오 남매를 키운다는 그는 나이보다 많이 늙어 보였다. 한국인은 부자인 것 같다며 나를 부러워하던 여자. 자카르타에 갈 때마다 그를 만나다 보니 오랜만에 내가 나타나면 한국에 갔다 왔느냐며 그동안 자기가 많이 아팠다 하면서 동정을 구하기도 했다.
"모든 것은 순간에 지나가고 지나간 일은 그리움이 되리니."
푸시킨의 시 구절처럼 지나간 일은 세월이 흐르면 마음 속 깊이 그리움으로 남는다. 골목길에서 이방인의 발걸음을 멈추게 하며 기념촬영까지 했던 노천카페의 부겐빌레아 모습도, 넝쿨손을 뻗어 거대한 꽃으로 둔갑한 붉은 벽도 아련한 추억으로 남아 있다.
진달래의 화사한 모습이 산등성이를 분홍빛으로 물들일 때면 지난날의 부겐빌레아를 보는 듯하다. 그 착각과 함께 즐거웠던 순간도, 무료했던 일상도, 자카르타에서 만났던 인연들도 모두 그리워진다.

신사의 나라

 아침 식사 후 한 시간씩 걷는 것이 유일한 하루 운동이다. 오늘은 생필품과 식품들을 사기 위해 마트부터 들렀다. 휴일도 아닌데 이상하게 입구부터 컴컴했다. 문을 열고 들어가며 "아니 오늘 정전이에요. 왜 이리 어두워요?" 하고 마트 종업원에게 물었다. 갑자기 주위 사람들이 킥킥대며 웃었다. 그제야 선글라스를 벗지 않고 마트 안으로 들어간 나를 확인하며 같이 웃긴 했지만 황당하고 창피했다. 노화 탓인가? 앞 뒤 연결이 잘 안 되는 요즘 상황이 조금 걱정스러워진다.
 물건들을 박스에 담아 집으로 배달시키고 선사유적지로 운동을 하러 갔다. 지난해 유적지 산책로를 황토로 덮은 후로 많은 사람들이 맨발걷기를 했다. 흙을 밟으면 잠이 잘 오고 건강이 좋아진다는 얘기가 입에서 입으로 전해져 비가 오나 눈이 오나 맨발걷기 애호가들이 많아졌다. 오랫동안 허리디스크로 고생하고 있는 나는 발바닥에 미치는 충격이 더 중요하기에 아무리 권해도 운동화를 벗지 못하고 있다. 운동이 끝날 무렵이면 그늘진 벤치에서 맨손체조를 하느라 모자나 선글라스, 점퍼 등은 벗어서 잠시 벤치에 놓아둔다. 몸을 풀어준 덕분인지 집으로 돌아오는 길은 한결 가볍고 마음이 상쾌해졌다.

집에 와서 화장실에서 손을 씻는데 거울을 보니 머리에 있어야 할 모자가 보이지 않았다. 금방 돌아온 터라 다시 가기에는 피곤하고 모자는 찾아야겠고 갈등이 생겼다. 오늘은 일진이 나쁜지 실수 연발이다.

안락의자에 앉아 이어폰을 끼고 자기만의 천국에 빠져 있는 남편을 일으켜 등을 떠밀었다. 하루 종일 외출을 하지 않은 남편에게 운동을 빌미로 모자 벗어놓은 위치를 설명하며 '이유 있는' 외출을 시켰다. 그동안 운동을 갔다가 두고 온 물건이 한 두 번이 아니었던 터라 없어지지 않았을 거란 믿음이 있었다. 겨울에는 장갑을 두고 온 날이 많았다. 다음날 가면 관리인이 보관하고 있었다. 언제부턴가 우리 국민들은 여유가 있어선지 교육 수준이 높아선지 내 것이 아니면 가져가지 않는다는 것을 알았다.

공중도덕이나 준법정신을 생각하면 부끄러운 기억이 하나 떠오른다. 남편이 홍콩 주재원으로 가게 되어 우리 가족은 그곳에서 4년을 살았다. 홍콩이 아직 영국 지배하에 있었으므로 영어는 필수였다. 마침 비슷한 시기에 나온 H사 직원 부인인 K와 나는 아침마다 집 앞에서 미니버스를 타고 센트럴에 있는 BRITISH COUNCIL(영국 문화원)에 영어를 배우러 다녔다.

아파트 앞 버스 종점에는 시내로 나가려는 사람들이 버스를 타려고 줄을 서서 기다리고 있었다. 그날따라 K보다 먼저 나온 나는 버스를 타려는 사람들 사이에 줄을 섰다. 내 앞에 서 있던 평범한 차림의 여인이 단정한 복장에 가방을 든 여자가 뛰어오는 모습을 보더니 자리를 비워주고 나갔다. 그때 마침 K가 나오길래 나도 얼른 내 앞에 세웠다. 잠시 후 뒤에 있던 영국인 남자가 K에게 다가오더니 뒤로 가라고 했다. 나는 친구니 같은 버스를 타야 한다고 했다. 그러나 그 남자는 안 된다며 맨 뒤로 K를 보냈다. 영어가 서툰 나는 계속 언쟁을 할 수 없어 나도 그녀와 함께 뒤로 갔다. 인정머리 없는 그 영국인이 얄미웠다. 다음 버스를 기다리려면 한참 더 줄을 서야 했다. 나는 K에게 앞에 여자도 어떤 이에게 양보해 주더라고 했더니 K는 웃으며 아마 그는 가정부고 출근하는 주인 대신 줄을 선 것이라 했다. 나보다 정보에는 언제나 빠른 그였다.

국민의 도덕적인 의식도 그 나라 수준과 비례한다는 생각이 들었다. 영국인 남자와 결혼한 교우는 그들은 거리에서 지인을 보아도 절대 큰 소리로 부르지 않고 다가가서 어깨를 치거나 손을 흔든단다. 타인에게 불편함이나 피해를 주지 않는 선진국 시민 모습을 이곳에서 보고 느꼈다. 이래서 '영국 신사'라고 하나 보나 하며 우리는 감탄했다.

그때 상황이 지금 우리나라에도 아주 자연스럽게 정착된 듯해서 참으로 뿌듯함을 느낀다. 극장이나 공연장 어디에도 줄 서는 문제로 실랑이를 벌이는 일이 없고 오히려 약자에겐 양보하는 모습까지 보여주는 지금 우리 국민의 정신적인 우수성이 자랑스럽다.

이왕 나간 터라 운동을 하고 왔다며 한참 후에 돌아온 남편 손에는 분홍색 운동모자가 들려 있었다. 제발 정신 놓지 말고 긴장 좀 하라며 남편이 모자를 내게 던졌다. 혹시 없어지지 않았을까 조바심한 내 예상은 빗나가고 남의 물건에 손대지 않는 한국인도 오래 전 홍콩에서 만났던 영국인들 못지않은 신사였다.

가끔 지인들과 카페에서 큰소리로 웃고 떠들 때면 기성세대로서 젊은이들에게 폐를 끼치는 듯해서 반성할 때도 있다. 한층 높아진 국민 의식은 한국도 '신사의 나라'라는 말이 손색이 없는 듯하다.

아름다운 죄인

명절 연휴에 넷플릭스로 영화를 보았다. 실화를 바탕으로 한 영화 『브라이언 뱅크스』는 성폭행 위증으로 억울하게 10년 동안 감옥살이를 한 미식축구 선수 '브라이언 키스 뱅크스' 이야기다.

롱 비취 폴리 고등학교에 다니던 브라이언은 미식축구 선수로 뛰어난 능력을 가진 아이였다. 어느 날 학교 복도에서 급우 '와네타 깁슨'을 만나 화장실에서 순간적으로 키스를 한다. 둘은 성관계를 시도하려다 복도를 지나는 교사의 인기척을 느껴 각자 헤어졌다. 기분이 상한 깁슨은 이후 그를 강간죄로 고소한다. 게다가 깁슨 모녀는 학교 측을 상대로 100만 불을 받아 내는 소송을 하여 승소를 했다. 이유는 안전하지 못한 환경에서 공부를 할 수 없다는 핑계였다.

브라이언은 퇴학을 당하고 소년원에 수감 되었다. 아직 어린 브라이언에겐 감옥살이는 힘들고 적응이 안 됐다. 성격은 난폭해지고 우울증까지 왔다. 다행히 '제롬 존슨'이라는 훌륭한 교사를 만나 나쁜 길로 가지 않고 정상적인 사고를 지닌 사림으로 성장하게 되었다.

5년 후 전자발찌를 차고 가석방된 브라이언은 집으로 돌아왔다. 그러나 기본적인 생계를 위해 취업을 시도해 보지만 전과자라는 낙인과 전자발찌는 어느 직장에서도 그를 받아주지 않았다. 방황하던 그는 자신의 무죄를 입증하는 방법을 찾느라 차근차근 증거를 수집하며 좌절과 절망에도 굴하지 않고 인내심과 용기를 보여준다. 죄도 없이 유죄 판결을 받은 그를 보며 기억 저편의 한 여인이 떠올랐다. 불쌍한 사람을 위해 베푼 선행이 법을 위반한 죄인으로 둔갑해버린 아름다운 죄인 '베로니카'다.

1994년 남편 임지를 따라 홍콩으로 간 나는 그곳에서 한인 성당에 나갔다. 가톨릭 신자인 나는 빨리 그곳 생활에 익숙해지기 위해 봉사단체인 '레지오 마리에'(성모 마리아의 군단이라는 뜻)에 들어갔다. 매주 한 번 교우들과 만나 일 주일간의 봉사활동을 보고하며 친목을 나누었다. 이국땅에서 우리가 봉사할 일은 한계가 있어 새로 이사 온 신자 가정이나 환자 가정 방문 정도였다.
 지난 일 주일 동안의 봉사활동을 보고하는 한 여인이 내 이목을 집중시켰다. 세례명이 베로니카인 그는 노숙자들에게 식사를 나눠 주고, 병원에서 환자를 돌보는 등 우리가 할 수 없는 일들을 매주 봉사하고 있었다. 우리가 그리워하는 음식일 거라며 팥밥이나 이국에서 먹기 힘든 한국 음식을 손수 챙겨 오기도 했다. 봉사가 끝난 후에 우리와 조용히 차 마실 시간도 없었다.
 베로니카는 구룡반도 침사추이에서 식당을 운영하는 터라 늘 바빠 보였다. 차원이 다른 그의 봉사로 우리는 위축되고 주눅이 들었다. 그는 진정한 헌신과 봉사가 무엇인지를 몸소 보여주었다. 한국에서 아들 하나를 데리고 이곳에 온 그는 중국인과 재혼하여 한식당을 운영하고 있었다.
 법 없이도 살 그녀가 뜻하지 않게 범법자로 법정에 서야 하는 사건이 생겼다. 어느 날 길거리에서 노숙하는 걸인을 식당으로 데려와 며칠 동안 숙식을 해결해 주었다. 자연히 걸인도 식당 일을 도와주며 함께했다. 늘 인심이 후하여 그의 식당은 손님들로 가득 차 주위 상인들로부터 부러움과 시기의 대상이 되었다. 그것이 화근이 되었을까? 그는 불법체류자를 고용했다는 이유로 고발을 당했다.
 공판이 있는 날 우리 회원들은 그의 무죄를 증명하기 위해 모두 법정에 방청객으로 참석했다. 안타까운 그의 사연을 들은 영어가 유창한 한인 변호사가 자원해서 변호를 했다. 판사에게 그의 근면함과 성실성, 그간 노숙자들을 위해 봉사한 일들을 낱낱이 알려주고 선처를 바랐다. 불쌍한 사람에게 음식을 나눠주고 거두는 일은 한국의 미풍양속이라며 위법이 아니라 어디까지나 친절이라며 자원봉사자는 열심히 그를 변호했다. 그러나 홍콩 법은 너무나 냉정하고 엄격했다. 그 무렵 홍콩은 불법체류자가 많아 정부는 골머리를 앓고 있었다.

벌금형 정도로 끝날 줄 알았던 우리 기대와는 다르게 그는 2년의 징역형을 선고 받았다. 함께 간 우리 회원들 모두 눈가가 붉어졌지만 서로 손을 꼭 잡고 눈물을 삼켰다. 외국인을 처벌하는 기준이 너무 가혹한 것 같았다. 우리 조국이 아닌 곳에서 정상참작이 먹히지 않는다는 것을 실감할 뿐이었다. 그는 판결에 동요하지 않고 오히려 우리에게 걱정하지 말라면서 잘 지내다 오겠다며 손을 흔들어 주었다.

바로 수감되기 위해 그는 여경을 따라 총총히 사라졌다. 교민들 사이에선 도움을 받은 걸인이 사실대로 증언만 해도 죄가 가벼워졌을 거라는 얘기가 있었다. 하지만 걸인은 사실대로 말하지 않는 게 자신에게 유리할 거라는 이유로 증언하지 않았다고 했다. 위기에 빠지면 자신을 방어하는 것이 본능이기는 하지만 인간은 참으로 이기적이고 사악한 데가 있는 것 같다.

 브라이언은 무죄 프로젝트 대표 저스틴 브룩크를 만나 자신의 억울함을 호소하며 도움을 청한다. 어느 날 브라이언을 고소한 깁슨이 연락을 해 와 두 사람은 다시 만나게 되었다. 깁슨은 자신이 꾸민 일이라고 실토를 하고 브룩크는 녹취된 증거물로 여론을 조성한다. 브라이언과 깁슨은 다시 법정에 서게 된다. 드디어 무죄 선고를 받은 브라이언은 늦었지만 잠시나마 미식축구 선수로 인기와 영예를 얻게 된다. 브라이언은 여생을 자기처럼 억울한 옥살이를 하는 사람들을 위해 일했다.

 여경을 따라간 베로니카를 본 것이 그때가 마지막이었다. 그가 모범수로 형량보다 빨리 출소했다는 소식은 한국에 돌아와서 들었다.

탱자나무집

　'한 평 정원'에서 허브를 키우는 여인을 만났다. 겨울의 길목에서 혹독한 추위를 견뎌내기 힘든 식물을 옮긴다고 했다. 초면인 나에게 선뜻 페퍼민트 세 뿌리를 주었다. 손가락만 한 가냘픈 생명을 가져와서 빈 화분에 심었다. 이사 온 페퍼민트가 무럭무럭 자라 어느새 화분 가득 초록으로 물들었다. 아기 손톱 같은 가녀린 이파리가 창문을 뚫고 들어 온 햇살과 관심을 자양분으로 겨울을 지나면서 강한 향기를 내뿜었다.
　몇 년간 아파트 뒤 주말농장에서 농부 흉내를 내며 채소를 키웠다. 작년부터 주말농장이 구청의 공동체 정원으로 조성되며 꽃 박물관처럼 온갖 종류의 꽃과 나무들로 아름답게 변했다. 구청에서는 원하는 사람들에게 한 평씩 정원을 분양해 주었다. 이름 하여 '한 평 정원'이다. 공간이 부족해 식물과 가까이할 기회가 많지 않은 아파트 사람들을 위해 생명을 키우며 보람과 기쁨을 맛볼 수 있게 구청에서 배려를 한 것 같다. 의외로 식물을 사랑하고 키우려는 사람이 많았다. 작지만 소중한 한 평 땅에 수놓듯 아기자기하게 꾸민 사람, 노란색과 주황색의 화려함이 눈부신 메리골드만으로 한 평을 채운 사람도 있었다.

따스한 봄 햇살에 발길이 저절로 정원으로 향했다. 한 평 정원이 궁금했다. 분홍색 꽃잔디와 노란 저고리를 입은 민들레가 제일 먼저 봄을 알린다. 정원 입구에서부터 한 평 정원과 공동체 정원 사이까지 지천으로 피었다.

내 짧은 식물 지식으론 어림도 없는 꽃 종류와 식물들은 언제 이렇게 많아졌는지 헤아릴 수가 없다. 루드베키아, 에키네시아, 랩소디 인 블루 등 이름은 예쁘지만 종류가 너무 많아 다 외울 수가 없다. 낯선 꽃이 많다 보니 이국에 온 느낌마저 든다.

어릴 적 우리 집 앞마당에도 꽃밭이 있었다. 작약이나 목단 같은 키가 큰 식물은 뒤에 심고 국화, 백일홍, 분꽃, 봉숭아는 중간에 자리하고, 앞줄에는 채송화가 나란히 앙증맞게 자랐다. 꽃 종류도 많지 않고 외우기도 쉬웠던 작은 꽃밭이었다. 아침마다 물을 주고 꽃들과 교감하며 생명의 환희를 느꼈던 시절이었다. 한 평 정원은 그때를 떠올리게 한다.

정원을 처음으로 본 것은 대문 틈 사이로 보았던 유년의 그 탱자나무집이었다. 학교를 오갈 때면 읍내 초입에서 탱자나무가 담 위로 뻗어있는 집 앞을 지나게 되었다. 노랗게 잘 익은 탱자가 주렁주렁 매달려 있을 때는 하나 갖고 싶기도 했다. 짓궂은 남자아이들이 막대기나 돌로 따려고도 했지만 따가운 탱자 가시는 그 누구도 접근할 수 없게 했다. 그 집 대문은 가끔 반쯤 열려 있을 때가 있었다. 금방 누군가가 들어가며 닫지 않았는지 열린 문 사이로 꽃과 식물들이 눈에 들어왔다. 언뜻 보기에도 여느 집 같지 않아 어린 나이에 호기심이 일었다. 뜰도 넓고 탱자나무도 있는 그 집에 누가 사는지 그땐 마냥 궁금하기만 했다.

결혼을 하고 아이들이 서너 살 되었을 때 남편과 함께 시고모님 댁에 인사를 하러 갔다. 탱자나무집이었다. 그 집이 시고모님 댁이란 건 알았지만 방문은 처음이었다. 이상하게 가슴이 두근거렸다. 대문에 발을 들여놓으며 수수께끼가 풀리는 듯했다. 입구에는 백구 두 마리가 짖으며 먼저 우리를 확인하려 했다. 앞마당에는 작은 연못과 붉은 장미를 비롯해 목련, 목단, 작약, 백합 등 식물들이 가득했다. 연못 안에는 작은 거북이 기어 다니고 있었다. 아이들은 신기해하며 자리를 떠나지 못했다. 툇마루에 계시던 시고모님이 반기시며 들어오라고 했지만 한참 마당을 둘러 보았다.

차를 마시며 어릴 적 이집 앞을 호기심으로 지나다녔던 얘기를 했다. 인자하신 시고모님은 웃으시며 궁금증이 풀렸느냐고 하셨다.

공무원이셨던 시고모부님은 동물과 식물 키우기를 좋아하셨다. 집안 곳곳에 강아지, 고양이 등 동물들도 많았다. 부엌을 돌아 뒤뜰로 나가니 앵두나무와 배나무, 복숭아나무가 작은 과수원을 이루고 있었다. 상추, 가지, 아욱 등 채소들도 햇볕 아래 싱싱하게 자라고 있었다. 언젠가 주택에 살게 된다면 이렇게 하고 살아야지 하는 꿈을 꾸어도 보았다. 삭막한 도시에서 아파트만 전전한 나에게 정원은 요원한 얘기가 되고 말았다. 그때의 아쉬움 때문이었을까. 한동안 주말농장에서 채소를 키우며 하루가 다르게 변하는 생명의 신비에 감탄하기도 한다.

세상에는 믿고 싶지 않고 이해도 안 되는 일이 많다. 고종사촌들에게 불행한 일들이 생기기 시작했다. 부침浮沈의 세월에 고모네는 결국 수십 년 공들여 일구고 가꾼 보금자리를 채권자에게 넘겨주고 읍내를 떠나게 되었다. 퇴직 후 시작한 낙농업의 실패가 불행의 원인인 듯했다.

고향을 갈 때마다 탱자나무집 앞을 지나간다. 개발이란 이름으로 흔적도 없이 사라진 그곳에는 붐비는 차량으로 인해 소음과 매연으로 신음하는 도로가 생겼다. 정감 어린 탱자나무집도, 오래 전 세상을 떠나신 시고모님도 이젠 기억 속에서만 존재한다.

시간의 길

선사시대 원시인들의 삶을 들여다볼 수 있는 암사동 선사 유적지를 찾았다. 그들이 사용하던 생활 도구들과 흔적들이 그때의 삶을 추측하게 했다. 사냥에 필요한 화살촉, 창, 작살을 비롯하여 야생 곡식을 수확하는데 사용한 반달칼, 돌낫 등이 유적지에서 출토되면서 신석기 시대 문화를 짐작할 수 있게 되었다. 특히 음식을 저장하거나 익힐 수 있는 빗살무늬토기는 완성도가 높고 예술적 가치가 있어 세계적으로 관심을 받고 있다.

전시관을 지나면 자연과 인간이 만나는 원시의 그곳, 과거로의 여행을 떠나는 '시간의 길'이 어제와 오늘을 연결한다. 밤하늘을 떠올리게 하는 천장에는 크고 작은 수많은 별들이 반짝인다. 동굴을 벗어나면 자연과 인간이 하나가 되는 석기시대 마을을 재현해 놓은 움집 군락과 그들의 생활 터전이 펼쳐진다. 덥수룩한 머리와 겨우 아랫도리만 가린 건장한 남자가 '기억의 물길'에서 물고기를 잡고 있다. 며칠 동안 내린 비로 개울엔 제법 물이 차 있다. 물속에서 뭔가를 찾는 여인네와 아이들 모습에서 오래 전 단발머리 나를 만났다.

어릴 적 우리 집 뒤에는 제법 큰 개울이 있었다. 평소에는 여인들의 빨래터도 되고 아이들 물놀이 장소로 평화로운 곳이지만 비가 많이 오면 물이 범람하여 동네를 위협하는 괴물이 되곤 했다.
모두가 달콤한 꿈나라로 간 어느 새벽녘이었다. 누군가 다급하게 아버지를 부르며 우리 집 대문을 두드렸다. 이웃집 아저씨였다. 밤새 내린 비로 개울둑이 터지게 생겼다며 얼굴에 근심이 가득했다. 순식간에 동네 아저씨들이 모였다. 가마니에 모래를 넣어 둑을 막는 작업은 쉬운 일이 아니었지만 어른들은 비를 맞으며 일사분란하게 둑을 쌓았다. 더 이상 잠을 잘 수 없게 된 우리 형제들은 무슨 구경거리라도 생긴 듯 개울로 갔다. 이미 동네 아이들도 모두 나와 있었다. 누런 황토물이 둑을 넘어 조금씩 마을로 들어왔다.

 세찬 물길이 마치 뱀 혓바닥처럼 날름거리는 모습에 놀라 아이들은 괴성을 질렀다. 가재도구나 작은 짐승들이 이리저리 둑에 부딪치며 떠내려 오는 모습이 마치 파도타기를 하는 듯했다. 겁 없는 사내애들은 긴 막대기로 떠내려 오는 물건들을 건지기도 했다. 물이 조금 빠지자 오빠들은 개울에서 대나무 소쿠리로 붕어나 미꾸라지를 잡아 집 마당에 솥을 걸고 불을 피워 매운탕을 끓였다. 습한 날씨 탓인지 비릿한 냄새가 멀리까지 퍼졌다. 밖에서 들어오던 난 비릿한 냄새 때문에 집에 들어가기가 싫었다.

 개울은 해마다 물난리가 났다. 어른들 걱정과는 달리 개울물이 줄어들면 우리들은 친구들과 멱을 감거나 물놀이를 하며 유년의 여름을 지냈다.

 '기억의 물길'을 지나 토끼와 사슴이 뛰노는 언덕을 오르면 잡은 토끼와 멧돼지를 어깨에 메고 내려오는 사냥꾼을 만난다. 아낙들은 부싯돌로 불을 붙여 식사 준비를 한다. 아이들은 옹기종기 모닥불 가에 모여앉아 식사 시간을 기다리고 있다. 6000년 전 신석기 사람들 모습이다. 수천 년 전이나 수십 년 전이나 인간이 살아가는 기본적인 의식주는 별반 차이가 없는 듯하다. 위험과 불편함을 극복하기 위한 인간들의 끊임없는 노력은 삶을 편리하게 했지만 안락함에 너무 길들여진 것 같다.

몸 하나만으로 모든 것을 해결해서였을까. 원시시대 건장한 근육질의 남성들 모습이 늠름해 보였다. 인공지능이 모든 것을 대체하는 미래의 인간들을 상상해 본다. 문명의 발달이 인간의 신체를 나약하게 만드는 건 아닌지….

동산을 한 바퀴 돌고나서 유년 시절 나의 배웅을 받으며 '시간의 길'을 건너온다. 순수하고 생기 넘쳤던 내 어린 시절이 아련히 사라진다.

아침 일찍 운동하러 오는 주민들에게 무료 개방되는 유적지는 봄이면 분홍색과 하얀색의 철쭉들이 만발하여 사람들 마음을 사로잡고, 뜨거운 여름에는 짙은 녹색 그늘이 피곤한 몸을 쉬게 해 준다. 벤치에 누워 본다. 청 단풍 사이로 보이는 파란 하늘이 더 높게 느껴진다. 때맞춰 불어오는 청량한 바람과 만난다. 아득했던 그날도 지금 내가 느끼는 바람의 감촉도 다르지 않으리라. 심호흡을 하며 잠시 선사시대 사람들 숨결을 느껴본다.

도토리와 밤송이가 터져 땅에 떨어지는 가을이면 청설모와 몰지각한 사람들의 도토리 쟁탈전이 시작되기도 한다. 도토리는 선사시대 사람들 양식으로도 많이 애용되었다고 하는데 탄닌 성분이 많아 잘 상하지 않아 보관하기에도 좋다.

지난겨울부터 누구의 발상인지 유적지 안에 군데군데 나무상자가 놓이고 도토리가 매일 매일 쌓여가고 있다. 반가운 일이다. 청설모가 도토리를 열심히 파묻고 있지만 눈이 오면 냄새를 확인하기 어려워 찾을 수가 없다고 한다. 아침 일찍 운동을 나갈 때면 도토리를 주워 한줌 씩 상자에 던져 넣는다. 한때 청설모는 다람쥐를 잡아먹는다는 둥, 외래종이라는 둥, 악의적인 소문이 있었지만 영어로 'Korean squirrel(한국 다람쥐)' 로 고유종이라니 청설모도 오랜 시간 우리와 함께 살아온 것이 틀림없다. 사람들과 많이 접해서 그런지 사람을 봐도 두려워하지 않고 마주쳐도 빤히 쳐다보는 두 눈이 귀엽다.

잊혀져가던 과거의 아련한 기억들을 떠올려주는 선사유적지, 시간은 아무도 모르게 조용히, 조용히 흘러가고 있다.

돌아오지 않는
그녀

　　암사동 선사 유적지를 지나기 전 그린벨트에 묶인 밭에는 아직도 비닐하우스를 하며 농사를 짓는 사람들이 있다. 덕분에 토마토나 오이, 부추, 상추 등 많은 채소들을 싱싱할 때 사 먹을 수 있어 인근에 사는 우리에겐 여간 도움이 되지 않는다. 더구나 C농원 아저씨는 저농약으로 재배해 구청에서 인증한 웰빙 판매업체에 납품하고 있다. 가격이 조금 비싸도 건강한 먹거리를 제공하는 아저씨가 믿음직하고 고마웠다.

　　며칠 전 운동을 마치고 돌아오는 데 농원 현관문이 잠겨 있었다. 부부가 잠시 여행이라도 간 걸까 하며 지나는데 골목 초입에서 부인이 나타났다. 인사를 나누는데 갑자기 자전거에서 내린 그의 표정이 어두워졌다.

"그만 살기로 했어요."

"아니, 무슨 일이에요?"

골목 한쪽으로 자전거를 세우며 약간 흥분된 표정으로 하소연을 하기 시작했다.

우리는 이곳으로 이사 온 후 매일 아침 유적지나 인근 야산으로 운동을 나섰다. 처음 우리가 아저씨를 만났을 땐 혼자서 농원 일을 하고 있었다. 숙식은 비닐하우스 한쪽에서 해결한다고 했다. 몇 번 채소를 사며 아저씨가 경상도 사람이며 나이가 우리보다 몇 살 위란 것을 알았다. 3년 전에 아내가 위암으로 세상을 떠났다며 남편에게 함께 있을 때 아내에게 잘 해 주라며 아쉬움이 많은 듯 말했다. 남편은 그가 혼자 사는 게 측은하다며 만날 때마다 말을 건네며 아는 척을 했다.

어느 날 아저씨 농원이 환해졌다. 언제나 설거지통에 담겨 있던 그릇들이 보이지 않았다. 깔끔하게 정리된 현관과 테이블은 분명히 이유가 있었다. 아저씨가 새장가를 든 거였다. 아침에 그곳을 지나노라면 고소한 냄새가 사방으로 퍼졌다. 생선 굽는 냄새, 된장찌개 끓이는 냄새, 매일 바뀌는 냄새를 맡으며 그들의 식탁을 상상했다. 갈수록 행복의 온도가 높아져 가는 그들을 보며 남편과 나도 기뻐했다.

비가 오는 날 미처 우산을 준비하지 못해 빗속을 뛰어오는 나를 보면 감기 걸린다며 농원 안주인이 된 그는 우산을 펴 주기도 했다. 답례로 몇 번 샌드위치를 만들어 주며 우리는 가까워졌다. 거칠고 험한 농원 일이 힘들고 싫증 날 법도 한데, 무더운 여름날 땀을 뻘뻘 흘리며 비닐하우스 안에서 작업 하는 아내를 보며 모두 착실하고 아무지다며 칭찬을 했다. 아저씨보다 십 년이나 젊은 그는 인터넷을 통해 판매망을 넓히며 사업을 확장하기도 했다. 정식 절차를 밟지 않고 동거하는 황혼의 부부란 대부분 계산되고 편한 노후를 위해 결합한다는 일반적인 얘기는 이들에겐 편견에 불과한 듯했다.

"지난 7년이 너무 허무해요."

"이유가 뭐예요?"

"내가 자기에게 공손하지 못하대요."

그의 하소연은 한참 계속되었다. 아저씨가 가재도구며 옷가지들을 모두 부수고 갖다 버렸다며 이번이 처음도 아니란다. 그는 우리가 알지 못했던 그간의 사정들을 쏟아냈다. 사람이 겉으로 보이는 것과 이렇게 다를 수도 있는 걸까. 약간 날카롭게는 보였지만 언제나 눈웃음을 짓던 아저씨의 따뜻한 모습 뒤에 그런 비정하고 거친 모습이 있었다는 게 도무지 어울리지 않았다.

조만간 그린벨트가 풀려 비닐하우스 일부분이 보상을 받게 된

단다. 전처 자식들이 자주 왕래하며 꾸민 일은 아닌가 의심이 된다며 자신을 쫓아낼 심산인 것 같다고 했다. 정식 혼인 신고를 한 것도 아니고 어디까지나 사실혼 관계인데 자신은 이대로 물러나야 하는지 억울하단다. 취기 때문이라곤 하지만 심지어 그가 전남편과 이혼한 사실이 부정한 몸가짐 때문이라며 매도했다니…. 그의 일방적인 얘기일까? 나는 믿기지 않았지만 평소 그의 모습을 보면 꾸며낸 얘기는 아닌 것 같았다.

부부싸움이란 대개 사소한 데서 발단이 되어 커지는 경우가 많지 않던가. 속된 말로 오다가다 만난 사이에선 말 한마디에 더 신중해야 할 텐데 그의 이혼과 더불어 부정하다는 말까지 했으니 관계 회복은 상당히 어려워 보인다. 부부로 살다 헤어지는 일이 그리 쉬운 일은 아니라며 처음도 아니니 다시 한 번 생각하라고 남의 속도 모르고 나는 그를 위로하며 헤어졌다.

잔뜩 성이 난 하늘이 비를 쏟아냈다 식탁에 앉아 아침을 먹으려니 도무지 입맛이 없다. 행복한 줄만 알았던 그들에게 실망과 안타까움이 들었다. 을씨년스레 내리는 빗속에서 함께한 7년의 시간을 접어야 하는 그들 생각에 혼자서 밥만 먹기가 어쩐지 미안했다. 그의 말처럼 송두리째 날아간 7년간의 시간이 너무 허무했다. 매일 세 끼 따뜻한 밥을 지으며 함께 늙어 가리라던 그의 소박한 꿈이 깨어졌다고 했다. 아저씨를 만나기 전 식당에서

적잖은 급여를 받고 일했지만 외로워서 선택한 결정이 후회스럽단다. 요양보호사 학원에 등록해 새로운 삶을 시작할 것이라고 했다. 정황을 봐선 그도 금방 결정한 것은 아닌 듯했다.

아침마다 농원 앞을 지나며 살펴보았다. 주인이 없어 방치된 채소들은 축 처져 늘어진 채 수확 시기를 놓쳐 누렇게 떠 있었다. 며칠 후 농원 문이 열렸다. 아저씨 혼자서 채소를 저울에 달아 비닐 봉투에 넣고 있었다. 부부가 다정하게 앉아 작업 하던 모습이 눈에 선한데 아저씨 뒷모습이 쓸쓸해 보였다. "복을 스스로 차 버렸지." 동네 사람들 수군거림에 동조하며 재혼의 가벼움을 생각했다.

세상 대부분의 부부가 갈등하고 싸움을 하지만 상대의 약점이나 상처를 건드리지 않는 건 불문율이다. 아내를 신뢰하지 못하고 밤늦게 집에 들어왔다고 몸가짐까지 의심했으니 일상으로 돌아가기엔 늦은 것 같기도 하다. 함께 고생해서 낳은 자식이란 끈이 없는 사이엔 그만큼 책임감이나 의무에 대해서 신중하지 못하다는 얘기가 실감 났다. 7년이란 시간이 짧지도 않는데 아무런 정도 의미도 없었을까. 마치 피붙이 일이라도 되는 듯 안타까웠다.

농원에서 그의 모습이 사라진 지 한 달이 지났다. 온기가 사라진 듯 농원에는 채소를 사러 오는 사람도 잘 보이지 않는다. 동네의 새벽을 열던 그 아내의 활짝 웃던 얼굴이 아직도 눈앞에서 아른거린다.

가을날

　　나이가 들수록 누군가를 새로 사귀는 일은 쉽지 않다. 아이들을 키울 땐 또래 엄마들과 만남도 많고 취미생활도 같이 했지만 아이들이 모두 출가한 지금은 위층에 누가 사는지 새로 이사 온 아래층에 아이가 몇인지도 모르고 산다. 공유할 게 없으니 먼저 다가가지도 않게 되고 가까이 지내던 이웃이 떠나가면 쓸쓸하고 공허해진다. 깊어가는 가을, 내 삶을 안락하고 풍요롭게 해 주던 이들이 그리워지는 저녁이다.

　　동네 사랑방 역할을 하며 주민들 머리 맵시를 책임졌던 미용실 원장이 건강을 이유로 젊은이에게 미용실을 넘겼다. 나이를 먹으면 모든 일이 다 그렇듯 미용도 장시간 서서 하는 일이라 60

이 다 된 그에겐 무리였는지 일하다 쓰러져 응급실로 실려 갔다. 동네 사람들 모두 마음을 졸였다. 오랫동안 가족처럼 드나들다 보니 서로가 걱정하는 마음이 컸다.

생활력이 강했던 L원장은 퇴원 후에도 일을 줄여 가며 미용실을 지켰다. 젊은 시절부터 사업하는 남편 뒷바라지를 했지만 남편은 계획적이지 못한데다 지나친 사치로 버는 대로 다 써버리는 사람이라 했다. 남편을 믿지 못한 그는 결혼 전 따 놓은 미용 기술을 이용해 자식과 자신을 위해 일을 시작했다. 아이도 다 키우고 어느 정도 재력도 일구고 나니까 건강이 망가졌다. 더 크게 병을 키우지 않기 위해 일을 그만둔 듯했다.

한동네 살기에 오다가다 한 번쯤 만나려니 했는데 반년이 지나도록 만날 수가 없었다. 어느 날 지인이 그의 소식을 전해왔다. 식당에서 어떤 남자와 식사를 하고 있기에 눈인사를 했더니 식사를 마치고 나가면서 반갑게 인사를 하더라고 했다. "애들 아빠예요."

미용실을 하던 20여 년 동안 동네 사람들은 그의 남편을 보지 못했다. 별거를 한다는 소문도 있었다. 원장은 괜한 구설수에 오를까봐 남편 얘기를 하는 게 쉽지는 않았을 거다. 겪은 바로 그는 반듯하고 지혜로운 여자로 여겨졌다. 성실하고 슬기로운 그가 남편과 별거하는 게 안타까웠다. 어쩌다 미용실에 남편이 오랜만에 왔다 갔다는 말을 들으면 형제 일이라도 되는 듯 반가웠다. 가까운 사이는 아니지만 미용실을 그만 둔 그가 무엇을 하며 시간을 보내는지 궁금했다.

아파트 뒷길, 비닐하우스 농원이 보상 문제로 차일피일 미뤄졌던 철거 문제가 해결을 본 듯했다. 준공을 앞둔 지하철 공사가 막바지에 이르고 주변 미화 작업이 본격적으로 시작됐다. 비닐하우스에서 농작물을 키우던 사람들은 모두 떠나고 채소가 자라던 땅은 공원이 되었다. 채소가 자라던 곳엔 붉은 메밀꽃이 가을을 수놓으며 오가는 사람들 눈을 행복하게 했다. 이효석의 소설 「메밀꽃 필 무렵」엔 "산허리는 온통 메밀밭이어서 피기 시작한 꽃이 소금을 뿌린 듯이 흐붓한 달빛에 숨이 막힐 지경"이란 구절이 나온다. 하얀 메밀꽃이 밤에는 소금을 뿌린 것처럼 보인다는 거다. 공원에 핀 메밀꽃을 보며 붉은 메밀꽃도 있다는 걸 알았다.

싱싱한 야채를 사기 위해 드나들던 C농원도 함께 사라졌다. 상처한 농원 아저씨가 늦게 만난 젊은 아내와 함께 키우는 채소들은 싱싱하고 맛이 있었다. 재혼한 아내와 알콩달콩 사는 모습이 행복해 보여 모두 그들의 결합을 축복하고 응원해 주었다.

하지만 어긋난 기대의 이기적인 사랑은 오래가지 못했다. 서로 간의 오해와 불신은 더 이상 함께 할 수 없었나 보다. 어느 날 떠나버린 아내 빈자리가 허전했다. 한바탕 꿈을 꾼 듯 아저씨는 혼자서 묵묵히 농원 일을 계속했다. 홀아비의 입성은 금방 티가 났다. 후줄근한 차림이 처량 맞아 보였다.

비닐하우스를 철거하고 가재도구는 모두 밖으로 꺼내 놓았다. 치우지 않고 길바닥에 내팽개친 싱크대며 냉장고, 옷장 등이 널브러져 있어 오가는 사람들 눈살을 찌푸리게 했다. 허무하게 끝나버린 그들의 황혼 사랑처럼 그들이 공유했던 물건들도 갈 곳이 없어 보였다.

얼마 뒤에는 우리의 건강한 아침 식탁을 책임졌던 아저씨 행방도 묘연했다. 식물을 잘 키우는 것도 기술이라며 자신감 넘치던 아저씨의 마지막 모습이 눈에 아른거린다. 어디를 가도 일은 할 수 있을 거라는 암시 같기도 했다.

운동을 위해 아침마다 이곳을 지난다. 가을이면 애송하는 라이너 마리아 릴케의 「가을날」이 떠오른다.

주여, 때가 왔습니다. 여름은 참으로 위대했습니다.
당신의 그림자를 태양 시계 위에 던져 주시고,
들판에 바람을 풀어놓아 주소서

지금 집이 없는 사람은 이제 집을 지을 수 없습니다

지금 홀로 있는 사람은 오래오래 그러할 것입니다.
깨어서, 책을 읽고, 길고 긴 편지를 쓰고,
나뭇잎이 굴러갈 때면, 불안스레
가로수 길을 이리저리 소요할 것입니다.

인간의 고독과 실존의 불안을 그린 릴케의 「가을날」 찬바람이 불 때 이 시를 음미하면 더욱 쓸쓸하고 뼛속까지 외롭게 느껴진다.

바람결에 반가운 얘기가 들려왔다. 미용실 원장이 남편을 따라갔다고 한다. 이젠 그가 남편과 함께 따뜻한 겨울을 보냈으면 좋겠다. 떨어진 낙엽이 바람에 날리며 군무를 추는 것 같다. 농원 아저씨는 어디로 갔을까?

찬수의 고백

밤늦은 시각 부산에 사는 동서가 전화를 했다. 소음이 요란한 것으로 보아 집 밖이란 걸 알 수 있었다. 앞뒤 없이 "형님 박찬수란 사람을 알아요?" 한다. 그의 물음에 내 기억의 수레바퀴는 쏜살같이 사십 년도 더 지난 과거로 달려갔다.

시내 중심가로부터 멀리 떨어진 우리 동네에는 주로 빈농이나 노동자들이 살고 있었다. 찬수는 우리 뒷집에 살았다. 그 애는 늘 말수가 적고 행동거지가 조심스러웠는데 타고난 성품이 그런 듯했다. 정미소에서 일하던 찬수 아버지는 선량해 보였지만 술만 마시면 찬수 엄마를 때리곤 했다. 다음 날 아침 찬수 엄마는 멍이 든 눈과 부은 얼굴로 마당에서 펌프질을 하여 물을 길어 갔다. 그는 장날이면 떡을 해서 팔기도 하고 시골에서 올라오는 곡식을 사서 시장에 내다 파는 일도 했다. 그래도 생활은 별로 나아지지 않아 나보다 두 살 많았던 찬수 누나는 초등학교도 다 마치지 못한 채 장사 다니는 어머니를 대신해 줄줄이 태어난 동생들을 돌보았다.

찬수 엄마는 힌동안 어딘가를 부지런히 쏘다니더니 우리 동네 술도가에 다니는 연차가 많이 나는 지적 장애인에게 찬수 누나를 시집보냈다. 동네 사람들은 모이기만 하면 쌀 몇 가마에 딸을 팔았다느니 돈을 받았다느니 찬수 엄마 흉을 봤다. 누가 봐도 아직 스무 살이 안 된 소녀가 스스로 결정 했다고는 믿기지 않는 결혼이었기에 찬수 엄마에게 비난이 쏟아졌다.

1960년 대 농촌은 어린 여자 아이들이 할 수 있는 마땅한 일자리가 별로 없었다. 그나마 읍내에 하나밖에 없는 제사製絲 회사의 일자리도 경쟁이 심해 아는 사람이 있어야 들어 갈 수 있었다. 가난한 집 아이들은 집을 떠나 도회지 남의 집 가정부로 들어가기도 했다. 찬수 누나는 가족을 위해 심청이가 된 심정으로 결혼을 선택했는지도 모를 일이다. 가끔 길에서 만나면 그는 얼굴을 돌려 나를 피하는 눈치였다. 나는 반가워서 이름을 불렀지만 그는 종종걸음으로 달아나곤 했다. 사람들 수군거림이나 동정어린 눈빛을 달가워하지 않았던 것이다.

"누나, 나 찬수야 기억 나? 보고 싶다."

취기 어린 찬수 목소리는 어쩐지 물기에 젖은 듯했다. 반갑기도 했지만 뜻밖이라 당황스러워 무슨 말부터 해야 할지 몰라 누나 안부를 물었더니 소식을 모른다 했다. 남 얘기하듯 말해서 그가 이물스럽게 느껴졌다. 나는 계속 "정말?, 정말?" 하면서 거듭 물었으나 찬수 목소리는 힘이 빠져 있었다.

아들 둘을 낳은 찬수 누나는 한동안 그 남자와 정을 붙이고 사는 듯했다. 남편은 아들을 자전거에 태우고 반쯤 벌어진 입으로 보란 듯이 동네를 돌아다녔다. 그러나 무던하게 살던 찬수 누나는 무슨 일 때문인지 어느 날 집을 나가 종적을 감춰 버렸다. 아무도 왜 그가 집을 나갔는지 그 이유를 알지 못했다. 모자란 남편 때문이라는 둥, 시집살이가 힘들었다는 둥 추측만 무성할 뿐이었다.

동기들 모임에서 동서를 만난 찬수는 내 소식을 듣고 너무 반가웠다며 계속 보고 싶다는 얘기를 했다고 한다. 찬수 기억 속에는 우리 형제들이 있었다. 방학이면 오빠들은 동네 아이들과 연이나 썰매를 만들곤 했는데 찬수는 늘 잔심부름을 하며 우리 오빠들을 따랐다. 누나가 시집가고 난 후 형이 없었던 찬수에겐 우리 형제들이 마음에 의지가 되었던 모양이다. 취한 사람과 더 이상 대화를 할 수 없어 일방적으로 전화를 끊었다. 그날 밤 나는 잠이 오지 않아 밤새 뒤척였다. 그러고는 연락도 없이 2년이 흘러갔다.

일 년 반 동안 암으로 투병하던 시동생이 기어이 삶의 끈을 놓아버렸다. 서둘러 부산으로 내려갔다. 검은 상복을 입은 동서의 하얀 목이 그날따라 더 하얗고 가늘어 보여 가슴을 아프게 했다. 조문객을 맞이하느라 경황이 없는 중에도 동서는 오늘 밤에 박찬수가 올 것이라며 나를 꼭 만나고 싶어 한다고 전했다.

아홉 시가 다 되어 들어온 찬수 모습은 사십 년 세월이 무색하게 얼굴 윤곽은 고스란히 남아있었다. 아버지와 엄마를 반반씩 섞어 닮은 모습이 낯설지 않아 금방 알아볼 수 있었다. 하지만 유년의 여리고 수줍던 모습은 찾아볼 수 없었다. 검은 얼굴과 굵은 주름, 거친 손은 그동안의 삶이 녹록치 않았다는 것을 말해주고 있었다. 찬수도 아버지 못지않은 두주불사였다. 그는 가난한 집안 장남으로 가시밭길을 헤쳐 왔던 지난날을 봇물 쏟듯 쏟아냈다. 얘기 도중 뜻밖에도 그동안 모르고 있었던 새로운 사실을 알게 되었다.

우리 집은 농협에 다니던 아버지 수입만으로는 도시로 유학가 있던 오빠들을 비롯해 육 남매 학비를 감당할 수 없어 어머니는 부업을 해야 했다. 우유가 귀하던 시절, 막냇동생을 낳고 젖이 모자랐던 어머니는 양을 한 마리 사서 길렀다. 모자라는 젖

대신에 양유를 먹고 건강하게 자라는 동생을 본 이웃들이 양유를 팔라고 해서 시작한 부업은 점점 규모가 커져 집에서 일하는 아이와 배달하는 아이까지 두게 되었다.

찬수도 그때 우리 집에서 등교 전에 양유를 배달했다. 양유를 배달하는 일은 그리 쉬운 일은 아니었다. 아침을 거를 때도 많았다. 어느 날 급료를 받은 찬수는 아버지에게 사정이야기를 했다. 찬수 엄마가 조금만 더 보태면 매달 붓는 곗돈이 될 수 있을 텐데 라며 아쉬워했단다. 아버지는 흔쾌히 그러마하며 찬수 급료를 올려주었다고 했다. 처음 듣는 얘기였다. 그렇게 모아서 자신의 고향에 산을 사서 일찍 돌아가신 아버지와 불행하게도 전기에 감전되어 죽은 남동생을 묻었다며 뜨거운 눈물방울을 떨어뜨렸다.

빈 술병이 쌓여갈수록 찬수 눈동자는 점점 붉어지고 있었다. 그만 마시라 말렸지만 자작을 멈추지 않았다. 줄기차게 가족사를 풀어내던 끝에 가출했던 누나가 서울행 열차 안에서 만난 남자와 재혼하여 고향에서 과수원을 하며 잘살고 있다는 말을 전해주었다. 늘 외상술을 마시던 찬수 아버지 때문에 결국 오두막 같은 찬수네 집도 술값으로 넘어가고 그들 가족은 고향인 감천면으로 이사를 갔다고 했다. 고생은 많았지만 지금은 부산 해운대에서 두 딸 아버지로 남부럽지 않게 살고 있다며 지금 자신의 형편에 만족 한다며 자랑스러운 듯 목소리에 힘을 주었다. 찬수는 어쩜 현재의 모습을 나에게 보여주기 위해 나를 만나고 싶어 했는지도 모른다.

"절대 아래를 내려 보지 말거래이. 눈은 항상 빌딩꼭대기나 하늘을 바라 보라꼬. 지나가는 구름이나 새를 보래이. 새 날개를 띄워주는 바람도 보고."

삶의 벼랑 끝에 몰린 이들의 처절한 몸부림을 그린 박찬순의 소설 『무당벌레는 꼭대기에서 난다』에서 사장이 초보 빌딩 유리 창닦이인 김우용에게 하던 말이 떠올랐다. 찬수에게 아픔과 상처로 남은 과거는 돌아보지 말고 미래만을 생각하고 살라며 어깨를 두드려 주었다.

4장
화려한 외출

화려한 외출

농암 종택에서 하룻밤

수종사의 향기

회갑 여행

그녀가 사는 법

세 번째 만남

믿음 안에서 만난 선생님

그대 향한 사랑

예스터데이

화려한
외출

 가을이 이별을 준비하는 시월의 마지막 밤, 늦가을 저녁 공기는 제법 훈훈했다. 한강이 보이는 음식점에서 저녁 식사를 마친 친구들은 숙소인 W호텔로 올라가며 마치 수학여행이라도 온 듯 재잘대며 즐거워했다.
 "야! 저기 좀 봐. 너무 아름답지 않니?"
 "어머, 동화 속 나라 같네."
 모두들 들뜬 기분이다. 호텔에서 내려다 본 한강 야경은 그야말로 황홀했다. 얼마만인가. 우리가 이렇게 밤거리를 함께 거닐어 보았던 때가….
 미국 시민이 된 친구 K가 10년 만에 귀국을 했다. 이번 방문엔

보고 싶고 만나고 싶은 사람들과 많은 시간을 보내고 싶다했다. 앞으로는 다시 오기가 쉽지 않다는 걸 은근히 비치는 듯했다. K와 계속 연락을 주고받던 나는 친구들에게 그의 귀국 소식을 알렸다. 소식은 금방 전해졌고 그를 보고 싶다는 친구들이 연락을 해 왔다. 서울에 있는 고등학교로 진학한 K에겐 중학 동기들과의 만남은 50년도 더 된 세월이다. 학창시절 워낙 명석했던 터라 그의 유명세는 대단했다.

K의 귀국 날짜에 맞춰 우리는 1박 2일 여행을 계획했다. 적당한 장소를 위해 친구들은 머리를 짜냈고 성공한 기업인 남편을 둔 S는 이번 행사의 모든 경비를 자신이 부담하면 안 되겠냐고 조심스럽게 물었다. 친구들 사이에선 이미 그의 성공한 삶을 잘 알고 있었던 터라 모두들 고마워했다. 평소에 장학금 기부와 불우한 이웃을 위해 거금을 쾌척하는 S 남편은 베풂과 나눔을 몸소 실천하고 있는 기업가로 유명한 인물이다.

경제적인 문제에 구애받지 않으니 진행은 순조로웠다. 본의 아니게 총무가 된 나는 S와 이번 행사를 위해 머리를 맞댔다. 서울에 있는 친구들은 자주 만나고 있었지만 지방에 있는 친구들은 우리가 만나는 게 몇 십 년만이냐며 기대와 설렘으로 잠이 오지 않는다고 했다.

학자의 꿈을 안고 태평양을 건넜던 K는 운명적으로 한 남자를 만나 완전히 다른 삶을 살게 되었다. 결혼 같은 건 꿈도 꾸지 않았던 그에게 연이은 임신과 출산은 감당하기 힘든 삶의 무게였다. 더구나 그에게는 특별한 돌봄이 필요한 둘째가 태어났다. 청운의 꿈을 안고 미국행을 택했던 그가 둘째아이로 인해 선택의 기로에서 많은 갈등을 하고 학자의 꿈을 포기했으리란 짐작만 할 뿐이다. 천사 같은 아이, 마냥 아기 같은 둘째의 행동에도 평상심을 잃지 않는 가족들의 사랑과 보살핌을 웃으며 얘기하는 K의 모습이 대견했다.

강산이 몇 번이나 바뀌었고 시간의 강을 다 건너기엔 짧은 시간. 서로들 살아온 이야기로 밤이 가는 줄 몰랐다. 추억을 소환하는 이야기가 시작되자 이제는 말할 수 있다는 듯 S의 깜짝 폭로로 웃음바다가 되었다.

내 기억으로는 중학교 때 같았는데 몇 학년인지는 기억나지 않았다. 방과 후 어느 날 내 방에서 S와 나, 그리고 또 한 명(부산에 사는 L 시인인 것 같다.)의 친구는 뭘 잘못 먹었는지 속이 불편했다. 누군가 담배가 속을 편하게 한다는 엉뚱한 얘기를 하는 바람에 우리 셋은 가만히 담배를 피웠다. 호기심에 한 모금씩 빨았던 우리는 연기가 문틈으로 새어 나간다는 사실을 미처 몰랐는데 오빠가 문을 열고 들어와 혼이 난 이야기를 했다. 친구들은 모범생들이 불량스럽게 그럴 수가 있느냐며 놀라기도 하고 뜻밖이라며 배꼽을 잡기도 했다.

50년이 훨씬 지난 일을 어제처럼 기억하는 S가 놀랍기도 했지만 우리에게도 그런 시절이 있었다는 게 재미있었다. 비교적 학업에 충실했지만 가끔은, 힐금힐금 담 너머 세상이 궁금하고 훔쳐보고 싶은 호기심이 많았던 것 같다. 학생 입장 불가 영화관도 몰래 갔던 기억이 있는걸 보면….

백의의 천사로 일하고 있는 친구 Y는 10시가 넘어 숙소에 합류했다. 살면서 우여곡절 없는 인생이 있을까. 여고시절 공부 잘하고 아름다운 외모로 시샘과 질투의 대상이 되기도 했던 그에게도 아픔과 시련이 많은 듯했지만 아무도 묻지는 않았다. 오늘 우리는 '구만의 언덕(교정)'에서 꿈을 꾸던 여중생이고 여고생일 뿐이었다.

가을밤은 깊어가고 친구들 수다는 새벽을 향해가고 있다. 창밖으로 비치는 도로 위엔 빨갛고 노란 불을 꼬리에 매달고 달리는 자동차들 행렬이 눈부시다. 앞서거니 뒤서거니 먼저 가려고 경쟁이라도 하는 듯하다. 신호등에 걸리면 출발점은 다시 같아질 텐데….

우리네 삶도 그렇지 않았을까. 아무런 준비도, 계획도 없이 달리다 장애물에 걸려 넘어지고 다시 일어나야 했던, 힘들고 피할 수 없었던 선택의 순간들. 그때마다 운명이라는 단어는 참 편리하게 이용되었다.

K의 표정이 밝아지고 인상이 더 좋아졌다는 친구 이야기에 우린 모두 공감했다. 미국서 여러 가지 일을 하다 마지막 6년을 고등학교 교사로 일했다고 했다. 그가 좋아하는 일을 해서 그런 듯했다. 상대방을 앎으로써 이해하고, 이해하면 사랑할 수 있을 것 같다는 생각으로 아이들과 행복하게 지냈다고 했다. 가장 보람되고 가치 있는 일을 늦게나마 이룬 때문인지 불편한 아이를 키우는 엄마 같지 않게 평온해 보였다. 언젠가 시설로 들어가 다른 사람들과 공동생활을 해야 하는 딸을 위해 부모로서 준비를 시켜주어야 한단다. 그가 좋아하는 일을 접어야 했던 이유이기도 했다. 생활 때문에 늘 노모에게 맡겨만 두고 잘 돌보지 못하는 엄마의 애틋하고 안타까운 모정이 우리를 숙연하게 했다.

"평생을 사랑해도 아직도 그리운 사람 그대는 내 친구여"

수십 년 세월을 뛰어넘어 만난 오늘을 기념하자며 마련한 예쁜 타월에 새긴 문구처럼 멀리 있는 친구는 늘 그리운 존재다.

동시대에 같은 고장에서 태어나 유년과 청소년기를 함께 보내면서 꿈과 낭만을 공유했으니 우리 인연이 얼마나 소중한가. 재회를 기약할 수 없는 K의 출국을 앞두고 이 밤이 지나면 다시 일상으로 돌아가지만 화려한 우리의 외출은 또 한 페이지의 추억으로 장식 되리라. 집안 사정으로 함께 하지 못한 시인 친구는 대신 자작시 한 편을 보내왔다.

동창회

이은숙

가시나들 !!

칠십이 되어도
우째
그대로고?

세월은
돌무덤에 묻어 놓고

오늘은 그저
배부르게
웃어 볼 일.

농암 종택에서
하룻밤

안동으로 시집 가 그곳에서 삼십 년을 살아온 친구 권유로 이현보 농암聾巖 종택에서 하룻밤을 자는 꿈을 꾸어 왔지만 실행하지 못한 채 몇 번의 여름이 그냥 지나가 버렸다. 무더웠던 올 여름이 꼬리를 감추고 가을이 열리는 9월 초입, 고향 친구 8명은 산적된 집안 일을 뒤로 하고 일탈을 감행했다.

친구 K와 내 생일 축하를 겸한 이번 여행에 모두들 마음이 들떴다. 아침을 먹는 둥 마는 둥 출발했지만 하회마을과 병산서원을 들러 가느라 농암종택에 도착할 즈음엔 땅거미가 내려앉아 사방은 어두워지기 시작했다. 안동시 도산면 가송리에 위치한 농암종택은 안동시내에서 35번 국도를 타고 30여분을 더 달려

가야 하는 청량산 자락 가송리 마을에 있다. 사진으로만 보았던 도산9곡을 어둡기 전에 가보고 싶은 마음에 조바심이 났다. 종택을 안내하는 이정표를 지나자 병풍처럼 둘러싸인 기암절벽과 울창한 소나무, 그 아래로 흐르는 낙동강은 한 폭의 그림이었다. 동네 이름이 왜 가송리佳淞里인지 실감이 됐다.

농암 이현보는 본관이 영천으로 1467년 안동시 도산면 분천리에서 태어났다. 32세에 문과에 급제하고 36세에 사관이 되어 사초史草를 바르게 쓸 수 있도록 직언하며 연산군의 비행을 논하였다가 안동으로 유배되었다. 중종반정으로 복직되어 형조 참판, 호조 참판, 지중추부사 등을 역임했으나 그때마다 외직을 자청하여 관찰사 등 8개 고을살이도 했다. 당시의 정치풍토는 경직京職을 절대적으로 선호했지만 선생은 민생에 보다 가깝게 가려는 일관된 신념으로 동료들의 신망과 존경을 받았다.

농암종택은 생각보다 규모가 크고 내실과 사랑채 등 여러 채로 나뉘어 있었다. 안내인의 도움을 받아 우리 일행은 대청마루가 딸린 방 두 개를 쓰게 되었다. 댓돌 위에는 하얀 남자 고무신 서너 켤레가 가지런히 놓여 있어 소박함과 정갈함을 느낄 수 있었다. 대청마루에 오르니 벽에 '積善(적선)'이라고 쓴 선조의 어필이 걸려있었다. 여름이라 마루문들을 천장에 매달아 놓은 모습이 신기하게 보였다. 어두워서 크기를 가늠할 수 없는 강과 산이 검은 형태로 눈앞에 버티어 있고 흐르는 물소리는 고요한 정적을 깨우고 있었다.

주위에 풀밭이 많아서 그런지 처서가 지났는데도 모기가 극성을 부려 밝은 형광등을 켜지 못하게 했다. 희미한 등불이 켜진 방으로 안내를 받았다. 깊어가는 산속의 고요함과 함께 희미한 불빛은 오히려 아늑하고 낭만적이었다. 방 한쪽에는 다기 세트와 몇 가지 차가 있었고 선반에는 깨끗하게 호청을 씌운 이불이 가지런히 준비돼 있었다. 여느 집과는 다른 사대부가의 고풍스런 절도가 느껴졌다.

안동 시내에서 산 케이크와 과일로 생일상을 마련해 준 친구들이 생일 축하 노래를 불렀다. 이제 인생의 반환점도 지난 나이지만 잠시나마 젊은 날로 돌아갔다. 오래전 유행했던 노래지만 지금 우리 나이에 걸 맞는 듯 해 양희은의「사랑, 그 쓸쓸함에 대하여」를 답가로 불러주었다. 위로는 부모님을 모시고 아래로는 자아실현을 위한다는 명목으로 늦도록 공부하는 아이들 뒷바라지로 세월이 어떻게 갔는지 모른다며 푸념 같은 얘기들을 쏟아내며 오늘 하루 집안일은 내려놓았다.

이대로 잠들어 버리기엔 오랜만의 해방이 너무 아쉽다며 강가로 나가는 친구도 있었지만 장시간의 여행에 피곤함이 몰려와 누워 잠을 청하는 친구도 있었다. 보름이 지난 지 며칠 되지 않아 달빛은 아직 환하기만 하고 물소리는 낯선 곳에서의 하룻밤을 청하기엔 방해가 되기도 했다. 주부의 하루 부재만으로도 가사 시스템이 마비라도 된 듯 여기저기서 전화벨 소리가 끊이지 않았다.

다음 날 아침 종택 주위를 돌아보기 위해 강가로 나갔다. 싸늘한 공기가 얼마나 맑고 깨끗한지 도심의 공기와는 비교할 수 없었다. 수려한 산세와 맑은 공기, 욕심 없는 마음 때문이었을까. 농암 집안은 장수 집안이었다. 아버지는 98세, 어머니 85세, 조부 84세, 농암 자신도 89세까지 살았다니 조선시대 평균수명이 40세 남짓인데 비하면 참으로 장수 집안임이 틀림없는 듯했다.

종택은 안채와 사랑채 외에도 긍구肯構당과 애일愛日당, 분강서원汾江書院이 있었다. 특별히 내 발길을 머무르게 한 것은 애일당이었다. 농암이 연세 드신 부모를 봉양하기 위해서 지은 건물이라 한다. 부모님을 가까이에서 모신다는 기쁨과 어버이가 늙어 가는 것에 대한 안타까움에 하루가 가는 것을 아쉬워 해 건물 이름을 애일당이라 지었다고 한다. 농암은 일흔 나이에도 색동옷을 입고 재롱을 떨면서 잔을 올려 부모님을 기쁘게 해드렸다는 중국의 대표 효자인, 주나라 때의 노래자를 본받아 그도 애일당에서 때때옷을 입고 아버지 앞에서 춤을 추며 재롱을 부렸다고 한다. 이를 '애일당구로회愛日堂九老會'라 했고 이런 효행이 조정에 알려져 당대 명현 7명이 축하 시를 보냈고. 그 일은 선조가 농암 가문에 '積善(적선)'이라는 글씨를 하사하는 계기가 되었다.

시대가 바뀐다고 효의 근본이 바뀔 수야 없지 않을 터. 지극한 그의 효성이 핵가족 중심에 합리적으로 살아가는 요즘 사람들에겐 진정한 효가 무엇인가를 돌아보게 한다.

1699년 사림이 농암 선생의 학덕을 추모하기 위해 지은 건물인 분강서원을 돌아보고 우리는 내실로 들어가 이 댁 종부가 정성스레 차려준 아침상을 받았다. 소박하지만 영양소를 골고루 갖춘 건강한 음식들이 식욕을 돋우었다. 경북 북부 지방에서만 먹는 시래기 콩가루국은 우리 일행에게 향수를 불러일으켰고, 양반네 반찬이라는 북어 보푸라기는 얼마 만에 먹는 것인지 날아갈 것 같이 곱게 부순 것이 입안에서 녹는 듯했다. 안동 지방에서 빠질 수 없는 간고등어 또한 그 맛이 싱겁지도 짜지도 않아 이름값을 했다. 친정에 온 듯 몇 번씩 음식을 청해 먹으며 안주인의 후덕한 인심에 감사했다.

은퇴 후 농암은 「어부가」, 「농암가」 외에도 은퇴의 기쁨을 도연명의 '귀거래'에 비유하며 그의 「귀거래사」를 본받아 「효빈가」를 지어 소회를 읊었다.

돌아가리라 돌아가리라 말뿐이오 간 사람 없어
전원이 황폐하니 아니 가고 어쩔꼬 초당에 청풍명월이
나며 돌며 기다리나니

여생을 산세 수려한 분강(낙동) 가에서 자연을 벗삼아 노래한 농암은 한국문학사에서 '강호 문학 창도자'로 평가받았다.
따사로운 햇살이 강물 위로 부서지며 수많은 보석이 되어 반짝인다. 이제 막 옷을 갈아입으려는 잎새들은 가벼운 바람에 살랑거리는데 내 마음속에는 이미 단풍이 되어 떨어지고, 하얀 눈으로 덮인 깊은 산속의 고즈넉한 종택을 그려보고 있다. 아무도 밟지 않은 눈길을 뽀드득 소리 내어 걸으며 아이들과 함께 다시 한번 이곳을 찾고 싶다.

수종사의 향기

친구가 인터넷 카페에 올린 수종사 비 내리는 풍경이 내 마음을 흔들어 놓았다. 오래전부터 가고 싶었으나 기회가 되지 않아 가지 못한 곳이었다. 당장이라도 떠나지 않으면 견딜 수 없을 만큼 고즈넉한 다실 모습이 나를 유혹했다. 즐거움을 공유할 친구들과 남편이 운전하는 차를 타고 수종사로 향했다.

팔당대교를 지나 양평 쪽으로 달리는 차 안에서 본 겨울 강은 며칠째 수은주가 영하로 내려가더니 살짝 얼음이 얼었고 그 위로 내린 햇빛 한 줄기가 눈부셨다. 가끔 지나다닌 길이라 낯설지는 않았지만 겨울 강가는 여느 때와 달리 조용하고 한가롭다. 어디서 날아왔는지 철새 몇 마리가 은빛 얼음 위로 내려앉았다. 긴 여정에 지쳐 잠시 쉬어 가는 것일까?

수다 떠는 여자들 얘기에 너무 귀를 기울였는지 남편은 수종사를 안내하는 입간판을 놓쳐버려 한참을 되돌아서야 절 입구를 찾았다. 산은 생각보다 많이 가팔랐다. 절까지는 2킬로미터를 계속 올라가야 한다기에 지레 겁을 먹고 나는 차로 갈 것을 고집했다. 나 같은 사람이 많았는지 가파른 길을 올라가는 차들이 여러 대 있었다. 겨울 가뭄이 심해 달리는 차들은 뽀얀 먼지를 날리며 곡예 하듯 올라갔다. 좁은 길에서 내려오는 차들과 만날 때면 위태롭기 그지없어 중간 즈음에서 차를 세워야 했다.

오르는 길이 힘들기는 했지만 하마터면 아름다운 풍광을 놓칠 뻔했다. 나목들 사이로 멀리 아파트들이 성냥갑처럼 보이고 장난감 같은 자동차 행렬은 생명체 같았다. 이렇게 높은 곳까지 와서 절을 지었던 선인들의 힘과 지혜가 놀랍기도 했다. 가다 보니 콧등에서 송글송글 땀이 배어 나왔다. 싸한 찬 공기의 상쾌함은 갈증 후에 마시는 청량제 같았다.

몇 차례 쉬어가기를 반복하며 수종사에 다다르니 여느 절과 달리 일주문이 없다. 우거진 송림 사이로 매점이 있고 절 마당까지는 아득한 계단이 보였다. 구도자의 험난한 수행 길처럼 문 앞까지 이어진 계단을 나도 한 걸음 한 걸음 득도의 길을 가듯 올랐다. 중생들의 구원을 빌며 세속의 인연에 갈등과 번민으로 살

앉을 선승들. 그들의 체취가 묻어나는 절에서는 역사의 흔적이 느껴졌다.

세조가 만년에 지병인 나병으로 오대산까지 갔다가 수로로 한강을 따라 환궁하던 도중 이곳 양수리에서 하룻밤을 보내게 되었다. 그날 밤 어디선가 들려오는 종소리를 따라 발길을 옮겨보니 지금의 수종사 자리가 있는 토굴에 18나한상이 있었다고 한다. 그 바위틈에서 물방울들이 떨어지면서 종소리를 내는 것을 발견하게 되었다. 이에 세조는 남양주 운길산 중턱에 있는 이곳에 나한을 모신 절을 짓고 수종사라 이름 지었다고 한다.

돌계단이 끝나면서 바로 보이는 선불장의 처마 끝에 달려 있는 풍경이 바람에 흔들리며 청아한 소리를 냈다. 절에 와서는 약수를 마셔야 한다며 친구가 바가지에 떠 준 물에 온몸이 얼어붙는 듯했지만 몸속 탐욕의 찌꺼기가 다 씻겨 내려가는 듯 개운함을 느꼈다.

절 안쪽으로 조금 더 들어가니 이내 대웅보전과 마주하고 있는 전망대가 보였다. 널찍한 마당을 둘러싼 나지막한 기와 담장 너머로 시원하게 뻗은 산줄기와 그 뒤로 북한강과 남한강이 합류하는 양수리 풍경이 펼쳐졌다. 일찍이 서거정이 동방 사찰 중에 제일의 전망이라고 격찬했듯 감탄사가 절로 터져 나왔다.

대웅보전 옆에는 석조부도와 삼층석탑, 팔각오층석탑이 나란히 자리하고 있다. 팔각오층석탑에는 세종의 2녀인 정의옹주 사리가 보존되어 있다고 한다. 단아하고 부드러운 모습이 여성적인 느낌이 들었다.

몇 걸음 옮기니 세조가 중창 기념으로 심었다는 높이 40여 미터로 수령이 550여 년이나 되었다는 은행나무 두 그루가 나타났다. 잎이 진 모습이지만 그 우람함으로 우리를 제압했다. 여름날 잎이 무성한 모습은 상상만 해도 그 위용이 대단할 듯하다.

발길을 돌려 그토록 오고 싶은 충동을 느끼게 했던 다실 '삼정헌'을 찾아 들어갔다. 한쪽 벽면을 통유리로 만든 다실에서는 창밖으로 아스라이 펼쳐진 한 폭의 그림 같은 절경이 한눈에 들어왔다. 세조의 발길을 멈추게 한 토굴은 없어졌지만 그 토굴에서 흐르던 물맛은 여전해 그 물로 만든 작설차를 마시며 맛과 향을 음미했다.

아쉽지만 자리 나기를 기다리는 뒷사람들을 위해 다실을 나왔다. 저녁이 가까워오자 기온은 더 내려가고 희뿌연 하늘에선 간간이 솜털 같은 눈발이 날렸다. 머물렀던 시간은 짧았으나 한순간 우리 몸은 정화된 듯했다. 수종사를 내려가면 우린 다시 세속의 흙탕물에 발을 담그고 번뇌의 바다에서 헤매이리라.

회갑 여행

새벽이라기엔 믿기지 않을 만큼 김포공항은 많은 사람들로 붐볐다. 가을 정취를 만끽하려는 이들은 우리 일행뿐만이 아니었다. 요즈음은 학생들 수학여행도 비행기를 이용하는 게 다반사인 듯했다. 공항은 학생들이 떠들어 대는 소리로 옆 사람 말소리조차 들을 수가 없을 정도였다. 수학여행을 떠나던 때가 엊그제 같은데 회갑 여행으로 친구들과 함께 제주행 비행기에 오르다니! 새삼 세월의 무상함을 느꼈다. 서너 차례 제주를 다녀왔지만 친구들과 함께 떠나는 이번 여행은 여고시절로 돌아가 수학여행을 가는 듯 사뭇 마음이 들떴다.

제주에 다 와 갈 즈음 여명이 밝아오기 시작했고 지상의 형체가 하나씩 윤곽을 드러내기 시작했다. 바다 위의 구름들이 하얀 솜처럼 떠다니기도 하고 작은 섬처럼 보이기도 했다. 제주의 시월은 가을이 한창 무르익고 있었다. 쉴 새 없이 밀려와 부서지는 파도의 하얀 포말과 에메랄드빛 바다는 저물어가는 가을 들판의 억새들과 어우러져 환상적인 분위기를 연출했다.

해녀촌에서 전복죽으로 아침 식사를 하고 섭지코지에 있는 숙소에 여장을 풀었다. 섭지코지는 제주 방언 '좁은 땅'이라는 뜻의 섭지와 '곶'이라는 뜻의 코지가 합쳐진 말이다. 숙소는 투박해 보이면서도 멋스러웠다. 세계적인 건축가 '안도 다다오'가 지었다는 글라스 하우스는 이름처럼 사방이 유리로 되어 있어 멀리서 보면 마치 바다 가운데 떠 있는 섬 같기도 했다.

한 사람씩 돌아가며 식사를 책임지기로 한 이번 여행은 우아한 점심을 위해 두 사람이 함께 쏘기로 했다. 와인으로 몸을 적시자 모두들 흥분이 되는지 한 마디씩 말들을 쏟아내기 시작했다. 친구들의 무던한 마음들이 새삼 고맙고 소통할 수 있다는 것에 감사했다. 서로 양보하고 배려하는 마음들이어서 수십 년을 함께 지내온 사이 같았다. 돌아보면 어찌 굴곡 없는 삶이 있으랴.

세상 부러울 것 없이 살다가 사업에 실패하는 바람에 빈손으로 새로 시작해야 했던 친구는 자신의 처지를 비관할 만도 한데 오히려 현실을 원망하지도 않고 어려운 사람들을 이해할 수 있게 해준 지금 형편을 긍정적으로 받아들인다고 했다. 절망을 겪고 난 후 더욱 성숙해진 친구가 대견해 보였다. 고난도 파도처럼 밀려왔다 밀려가는 것이라고 말해 주듯 저 멀리서 파도가 춤을 추며 우리 곁으로 달려왔다. 구름 한 점 없는 가을 하늘은 쪽빛 바닷물만큼 청량한데 태양은 서서히 서쪽으로 기울어 가고 있었다.

일행은 용왕의 막내아들과 선녀의 사랑 이야기가 전해오는 선녀바위를 지나 고품격 명상을 통해 마음의 안식을 찾을 수 있다는 공간 '지니어스 로사이'로 향했다. 외관은 단순한데 안으로 들어갈수록 미로였다. 건물 좌우에서 쏟아지는 폭포, 가로로 열린 건축 공간으로 보이는 성산 일출봉, 지붕이 열린 현무암 복도를 통해 보이는 하늘. 작가 문경원이 만든 나무의 생장과 소멸의 순환을 통해 미래에 대한 명상을 하는 미디어 아트는 철학적 사유를 이끌어 내는 품격 있는 공간이었다.

이튿날은 성산항을 출발하여 우도로 향했다. '제주 속의 작은 제주'라 불리는 우도는 소가 드러누운 형상과 닮았다고 해 붙여진 이름이라 했다. 자동차를 싣고 떠나는 여객선은 마치 요나를 삼킨 고래처럼 크고 작은 자동차를 집어삼켰다. 어제 공항에서 만났던 학생들이 선실과 갑판을 가득 메운 채 참새 떼처럼 조잘대고 있었다. 바다 위를 나는 갈매기들은 학생들이 던져주는 과자를 받아먹으려고 아래위로 곡예 하듯 선회하고 이에 응답하듯 까르르 까르르 터지는 천진한 웃음소리가 갑판 위로 울려 퍼졌다. 여행이란 역시 노소 구별 없이 즐거운가 보다.

세월의 무게가 켜켜이 쌓인 해안 바위틈으로 강한 생명력을 자랑하며 피어난 식물들과 바다를 바라본다. 한결같이 자신의 자리를 지키고 있는 등대며 한가로이 초원에서 풀을 뜯고 있는 조랑말들의 평화로운 풍경이 펼쳐진 우도의 모습은 눈이 시리도록 아름답다. 우리 일행은 우도의 명물이라는 작은 땅콩이 뿌려진 아이스크림을 하나씩 들고 아이들처럼 즐거워하며 행복한 풍경을 카메라에 담았다. 사진은 나이를 속이지 않아 카메라에 얼굴 담기를 싫어했지만 사진이 아니라면 어찌 이 행복한 순간을 남길 수 있겠는가. 친구들은 놓치기 아까운 풍경 앞에선 기꺼이 포즈를 취했다. 제주엔 카메라에 담아서라도 두고두고 보고 싶은 절경이 많았다.

제주와 사랑에 빠진 사진작가 김영갑도 아마 이런 이유로 제주를 떠나지 못하고 생을 마감할 때까지 카메라를 들고 다니며 아름다운 이곳을 작품으로 남겼나 보다. 제주에 매혹되어 불치병으로 더 이상 사진 작업을 할 수 없을 때까지 생명과 맞바꾼 '김영갑 갤러리 두모악'을 찾았을 땐 가을 속으로 더 깊숙이 들어온 듯했다. 그의 유골이 뿌려졌다는 갤러리 마당의 수목들은 벌써 많은 잎들이 낙엽 되어 뒹굴고 있었다. 갤러리엔 그가 사진으로 찍지 않은 것은 제주도에 없는 것이나 마찬가지라 할 만큼 한라산과 마라도의 전경을 비롯해 노인과 해녀, 오름과 바다, 들판과 구름, 억새 등 그의 시선에 포착된 것들로 가득 차 있었다. 같은 풍경을 시간차를 두고 찍어 미세한 변화를 카메라에 담으려 했던 그의 사진에 대한 열정은 가히 수행의 경지라 해도 지나치지 않을 듯했다.

빽빽하게 침엽수가 들어선 1112번 도로 삼나무 숲길은 즐겨 보는 프로 세계 테마기행에서 보았던 북유럽의 로맨틱한 숲길을 연상하게 했다. 어느새 난 영화 속 행복한 주인공이 되어 끝이 보이지 않는 길을 귀한 사람과 함께 걸어가는 상상을 하며 까닭 없이 마음이 설레었다. 나무에서 뿜어 나오는 피톤치드 덕분인지 공기가 더 상쾌하게 느껴졌다. 하늘에 닿을 듯 쭉 뻗은 나무 위엔 해님이 환하게 걸려 있었다.

제주는 삶에 지쳐 여유 없이 살아가는 우리들에게 어서 와서 보고 느끼라고, 아름다운 환상에 한번 빠져보라고, 진정한 휴식과 명상의 시간을 한번 가져 보라고 자꾸만 재촉하는 듯했다. 인생의 가을에 만난 제주의 가을, 지나온 우리들 뒷모습도 저 아름다운 숲길처럼 되기를 소망했다.

그녀가 사는 법

　　나이가 들수록 사람을 가려서 만나야 한다고 한다. 만났을 때 즐겁고 떠올리면 빙그레 웃음이 나는 그런 사람, 긍정의 에너지를 느끼게 하는 사람, J는 나에게 그런 사람이다. 10여 년 전 남편 은퇴와 함께 전원생활을 선택한 그는 판단을 정말 잘 한 것 같다.

　잔병치레가 많았던 그는 공기 맑은 시골에서 사는 덕분인지 건강검진 결과가 나이보다 더 건강해 의사를 놀라게 했다고 한다. "나 너무 오래 살면 어떡하나 걱정 된다"며 익살을 부렸다.

　노후에 우리는 한 번씩 전원생활을 꿈꿔 보지만 현실은 많이 다르다. 응급상황 때 병원이 멀어서, 손주를 돌봐야 해서, 문화

생활을 하기 힘들어서, 안 되는 이유가 너무나 많다. 자신이 이루지 못하면 전원생활 하는 친구가 있으면 된다고 우스갯소리를 하기도 한다. J는 그런 내 갈증을 조금이나마 덜어주고 있는 셈이다.

오늘은 그의 집에 맡겨둔 우리 집 소중한 밑반찬 된장을 만나러 가는 날이다. 아파트에서는 햇볕이 충분치 않아 된장을 담그기에는 적합하지 않다. 친구들 사정을 안 그의 배려로 뜨거운 태양과 달콤한 바람에, 자연스레 익어가는 건강하고 순수한 된장을 얻었다. 친정어머니가 담가주시던 그 맛을 다시 맛볼 수 있게 된 터이다. 장을 담그고 간장을 뜰 때 우리는 소풍 가듯 설레는 마음으로 그곳에 간다.

물감 번지듯 연초록으로 물든 오월의 산야는 그대로 수채화가 된다. 병풍처럼 둘러싸인 산자락 끝에 자리한 그림 같은 그의 집은 숲속의 주인공이다. 마당 잔디는 마치 고운 융단을 깔아 놓은 듯했다. 그의 손길이 닿은 작약과 목단, 과실수인 보리수, 사과, 단감나무들이 정원을 풍성하게 했다. 바람은 꽃과 나무들 사이사이에 주인도 모르게 야생화를 번식시켰다. 태양과 바람은 그 야말로 최고의 조경사다.

마당 한쪽 수돗가 옆에 있는 장독대에는 된장을 품은 배부른 항아리들이 일렬로 줄을 서서 햇빛에 반짝이고 있었다. 기후 변화에 따라 뚜껑을 열고 덮느라 수고했을 그의 따뜻한 마음이 가슴으로 전해졌다.
 먼 곳을 달려온 친구들을 위해 아침 일찍 뒷산에서 장(?)을 보듯 했단다. 취나물, 가죽나무, 개두릅, 방풍나물 등 자연이 준 산나물들이 눈과 입을 즐겁게 했다. 평소에 먹지 못했던 쌉싸름한 개두릅과 가죽나무를 쌈장에 찍어 먹으니 저절로 건강해지는 듯 했다. 오염되지 않은 자연에서 건강한 식재료를 얻기 위해 화학약품을 쓰지도 않는다. 쑥을 말려 불을 피워 해충을 제거하는 등 그의 친환경 사랑은 남달랐다.
 별채 기둥에는 이제 막 제비가 새끼를 까서 먹이를 나르느라 분주했다. 그는 호기심 많은 고양이가 제비집을 넘본다며 천정 옆으로 제비집을 옮겨주었다. 그래도 걱정이 되어 제비집에서 눈을 떼지 못한다고 했다. 친구 하나가 아마도 내년에는 제비가 박 씨 하나 물고 올 거라 해서 같이 웃었다.
 그는 젊은 사람이 적은 그곳 주민센터에서 바쁜 직원들의 컴퓨터 작업을 도우며 주민들과 친분을 쌓았다. 나이는 숫자에 불과하다지만 칠십이 다 된 나이에 손주 같은 아이들과 어깨를 나란히 하고 다시 공부를 시작한 그의 용기는 우리 모두를 놀라게 했다. 나날이 심각해지는 노령화와 인구 감소로 인한 공동화는 이곳에도 예외가 아니다. 그는 홀로 살다 쓸쓸히 고독사를 한 사람들을 보며 건강할 때 봉사하고 싶다며 대학에서 사회복지학을 공부했다. 졸업해도 나이가 있으니 취업 대상도 아니지만 오로지 봉사할 수 있어 좋다고 했다. 운전을 할 수 있으니 떨어져 사는 외로운 노인들에게 빨리 달려갈 수 있고, 자격증이 있으니 응급조치도 가능하다고 했다. 포부와 계획을 말하는 그의 눈빛이 사뭇 진지했다.

집안일에 매여 앞뒤 돌아보기도 힘든 나에겐 너무 거리가 먼 듯해 기분이 묘했다. 이기적인 삶과 이타적인 삶의 차이 같아서 나 자신이 부끄러웠다. 이런 사람이 미담의 주인공이 되는가 보다.

별채에는 부부가 취미 생활을 하는 공간이 있었다. 남편이 즐겨 부는 색소폰을 비롯하여 그가 즐기는 드럼과 장구 등 악기들이 방안 가득했다. 오래전부터 마을 노인회관에서 봉사를 하는 J 남편의 색소폰 실력은 프로 경지에 이르러 행사 때마다 멋진 연주로 봉사를 한다고 했다. 우리 앞에서 신나게 드럼을 연주하는 그의 모습은 마치 이십 대 젊은이 같았다. 모두 부러운 눈빛이다. 더 열심히 하여 버스킹을 하고 싶다니 그는 분명 나이를 거꾸로 먹고 있는 듯하다. 버스킹을 하게 되면 노래는 내가 불러주겠다며 실없는 농담을 던졌다.

둘이 먹기에는 넘치는 텃밭 채소들은 언제나 방문객들 몫이었다. 푸짐한 채소들을 안고 돌아 올 땐 마치 친정을 다녀오는 듯

했다. 다시 오라며 손 흔드는 그의 모습이 보이지 않을 때까지 같이 손을 흔들었다.

삶이 팍팍하게 느껴질 때 그곳을 다녀오면 내 안에 쌓인 번뇌와 욕심들을 비우고 내려놓게 된다. 소박하고 평화롭게 살고 있는 그의 편안한 모습에서 노후의 진정한 쉼과 여유로운 삶을 보았다. 현실적으로 그의 계획이 실현되기에는 조금 어려움이 있다 해도 전혀 불가능 한 일도 아닌 것 같다. 그의 소망이 이루어졌으면 좋겠다.

세 번째
만남

얼굴이 낯익었다. 아니 이름이 먼저 익숙했다. 머리가 하얗고 목소리가 쉰 듯한 노신사. 그 얼굴 위로 겹쳐지는 오십여 년 전의 시간이 마치 어제인 양 펼쳐졌다.

미래를 이끌 존경받는 기업들 중 12개를 선정했다는 한 방송국의 「사장님이 美쳤어요란」 프로그램을 보고 있었다. 사원들 복지를 위해 휴식공간이나 무료 대출, 무료 체육시설 등 타사와는 차별하여 기업을 운영하는 회사 대표들이 주인공이었다. 그는 첫 번째로 소개한 기업 대표로 등장했다. 그의 성공은 익히 알고 있었지만 방송에서 보니 반갑고 기뻤다. 동시에 눈이 큰 단발머리 소녀 S 얼굴이 떠올랐다.

교정에서 중학교 입학식을 치르는 우리에겐 새 친구들을 만나는 호기심과 중학생이 된다는 기쁨으로 삼월의 꽃샘추위도 아랑곳없이 즐겁기만 했다.

입학식이 끝나고 담임선생님을 따라 배정된 교실로 들어갔다. 선생님은 한 명씩 호명을 하며 아이들 이름과 얼굴을 익혔다. 중간쯤 앉았던 한 아이가 일어났다. 그는 "네" 하며 일어섰는데 학생들 시선이 모두 그를 향했다. S라고 했다. 나긋나긋하고 부드러운 말씨는 시골 아이들이 그리던 동경의 서울말이었다.

친구들과 재잘대며 하교를 하던 어느 날, S가 앞에서 걸어가고 있었다. 우리가 자기 뒤를 따라온다 생각했는지 뒤를 돌아보며 잰걸음으로 속도를 냈다. 우리 집이 거의 다 보일 때쯤 우리 집 옆에 있는 기차역으로 들어갔다. S는 기차 통학을 하고 있었다. 그 후 하교 때면 방향이 같았던 우리는 자연스레 친해졌고 기차 시간이 맞지 않을 때면 우리 집에서 놀다 가기도 했다. 기차가 연착이라도 하는 날이면 저녁 식사도 함께 했다. 예의 바르고 상냥했던 S를 부모님도 좋아하셨다.

2학년이 되어서도 S는 나와 같은 반이 되었다. 공부 잘하고 그림도 잘 그리던 그와 같이 지내는 시간이 많아졌다. 책 읽기와 음악 감상을 좋아했던 우리는 어느 날 그의 집에 초대를 받았다. 형제 중 막내였던 S는 부모님이 연세가 들어 보였고 시골 보건

소에서 의사로 계신다는 아버지는 아주 인자하셨다.

S는 그 시절 흔치 않던 팝송을 들려준다며 자기 방으로 나를 데려갔다. 처음 패티 페이지의 「체인징 파트너」를 턴테이블에 올려놓고 듣는 순간 난 황홀경에 빠졌다. 대중가요나 가곡 정도만 알고 있던 터라 패티 페이지의 감미롭고 신비스런 목소리는 내 마음을 흔들었다. 그 노래 가사를 적어 수도 없이 따라 부르다 보니 반 백 년이 지난 지금도 잊혀지지 않고 가끔 흥얼거리게 되었다.

그 무렵 우린 나란히 영어 학원에 등록을 했다. 고등학생 오빠 한 사람이 학원을 관리하며 총무 일을 보고 있었다. 쉰 듯한 특이한 목소리에 친절하고 성실했던 오빠는 짓궂은 남학생들로부터 우리를 보호해 주었다. 오빠는 우리를 동생같이 예뻐했던 모습으로 내 기억에 남아있었다. 순수하고 모범생이었던 그 오빠 마음에 단발머리 여중생이 자리를 잡은 줄 그땐 까맣게 몰랐다.

S는 여고 졸업 후 고향인 서울로 가고 우린 한동안 연락 없이 살다가 바람결에 그의 결혼 소식을 들었다. 놀라운 것은 남편이 바로 영어 학원 총무 오빠라는 사실이었다. 아무리 생각해도 두 사람이 연결될 수 없는 상황인데 뜻밖이었다. 세련되고 도회적인 S와 순박한 시골 청년 같은 총무의 조합이 어색했다. 결혼이란 두 사람만의 비밀이라서 타인들은 속내를 알 수 없는 일인지

도 모른다.

내가 다시 S를 만난 건 우리가 헤어진 지 15년이 지난 뒤였다. 남편 해외 연수로 나는 몇 달간 휴가가 생겼다. 네 살 된 둘째 아이를 데리고 S가 살고 있는 창원으로 갔다. 물론 S를 만난다는 사실이 제일 즐거웠지만 그의 남편을 만나는 일도 기대가 되었다. 세월이 그를 비켜 갔는지 얼굴도 목소리도 지난날과 별로 변한 게 없었다. 그날 밤 우린 밤새도록 그동안 밀린 얘기를 하느라 밤이 짧았다. 인연이란 참으로 묘하고 운명적인 것 같다며 S는 남편과 결혼하기까지의 얘기를 들려주었다.

S의 결혼 이야기는 한 편의 드라마 같았다. 야심찬 시골 청년의 진실한 구애와 신사적인 매너가 그를 감동시켰다고 했다. 그는 막 일어나는 신생 기업의 대표 아내가 되어 내조를 하고 있었다. 귀염둥이 막내로 자란 S가 차린 아침 밥상은 예상과는 달리 정갈하고 맛깔스러웠다.

고향에서 발행하는 신문엔 그들 회사의 성장과 함께 고향을 위해 기부한 미담들이 자주 올라오며 이름이 꽤 많이 알려졌다. 자수성가한 부부는 나눔의 삶을 실천하며 많은 사람으로부터 존경받고 있었다.

여자들 우정이란 참으로 소극적인 것 같다. 난 남편을 따라 몇 차례 해외나 지방을 갈 때마다 나 여기 있어 하듯이 연락만 할 뿐 만난다는 것은 엄두도 내지 못했다. 전화로 안부를 묻는 정도로 우린 서로 생활에 바빠 덤덤했다. 그러다가 또 15년이 지나고 우린 서울서 다시 만나게 되었다. 이번엔 내가 서울 사람이 되어 시골서 올라온 S를 보게 되었다. 올해가 S와 만난 지 15년이 되는 해이니 우리 만남이 15년 주기라면 만나게 될 수 있지 않을까 기대가 된다.

이제 S는 평범하지 않다. 남편이 해외에 공장까지 두고 승승장구 하느라 미처 챙기지 못하는 집안 대소사는 그의 몫이라서 몹시 바쁘다. 얼마 전 매스컴을 통해 S 남편 회사가 산업훈장을 탔다는 걸 알았다. 축하 전화를 해주었다. 관심 있게 자신을 지켜보는 내가 고맙다며 감동하는 목소리는 언제나 그 특유의 하이톤이다. 우리가 기억하는 목소리는 수십 년 전에 머물러 있고 주름진 지금의 모습은 서로가 모르는 체하며 살아가고 있다. 카카오톡으로라도 그 흔한 사진 한 장 주고받지 않으면서도 우린 어쩌다 하는 통화엔 학창시절로 돌아간 듯 가족과 친구들 이야기로 수다쟁이가 된다. 그동안 어떻게 참고 살았나 싶으면서도 몇 달 동안 또 잊은 듯 지내기도 한다.

텔레비전에서는 그들 회사와 복지시설, 직원들이 평하는 S 남편 얘기가 나왔다. 많은 고생을 하며 어렵게 일으킨 사업체이고 어려움 속에서 성장했기에 직원들 심정이나 형편을 충분히 이해하는 사장이었다. 야근한 직원들에게 목욕하고 맛난 음식 사 먹으며 용돈을 주는 S 남편이 믿음직해 보였다. 새벽같이 출근하는 남편 뒤로 그의 모습이 비친다.

5, 6년 전부터 나는 매달 내가 등단한 수필 전문지 『한국산문』을 S에게 보낸다. 등단 사실도 쑥스러워 한참 후에 알렸지만 그들 부부는 많이 기뻐하며 축하해 주었다. S는 내 글이 나오면 아무리 바빠도 꼭 읽는다고 했다. 말하지 않아도 얼굴을 보지 않아도 그와 난 글로 소식을 전하고 있는 셈이다. 가끔 S와 통화를 하면 이대로 마지막까지 목소리로만 만나는 게 아닐까 하는 생각도 든다. 금아 피천득은 「인연」이란 수필에서 세 번째 아사코를 만난 후 마지막 만남은 "아니 만났으면 좋았을 것"이라며 후회했다. 만나지 않을 이유도 없지만 꼭 만나야 할 일도 없이 덤덤하게 지내는 우리도 이대로 싱그럽던 모습만 기억하며 살아가려나?

믿음 안에서 만난 선생님

철없던 유년시절 동네 언니를 따라서 몇 번 갔던 성당의 기억은 꿈 많던 여고시절 스스로 그 곳을 다시 찾게 해 준 계기가 되었다. 동화 속 궁전처럼 빨간 벽돌색 건물은 자그마한 예천 읍내를 한눈에 내려다볼 수 있는 산 중턱에 그림처럼 서 있었다. 천국의 계단을 오르듯 성당 가는 길은 지그재그로 한참 숨이 차도록 올라가야 했으나 그때는 오히려 그것이 낭만적으로 느껴졌다. 아침과 저녁에 울리는 종소리는 나를 부르는 듯 내 발걸음은 주일이면 성당을 찾았고 그곳에서 내 평생 신앙의 어머니를 만났다.

스승이며 대모님인 베로니카(고경자) 선생님은 내가 중학교 3

학년 때 대구에서 내 고향 예천여중으로 부임하셨다. 이듬해인 1969년에는 여고 1학년인 우리 반 담임이 되셨다. 자그마한 체구에 이목구비가 뚜렷했던 단아한 모습은 이지적이었다.

그 시절 이미 결혼 적령기를 넘긴 선생님은 신앙을 삶처럼 사시는 독실한 크리스천이며 독신자였다. 결혼이 선택이 된 지금에야 관심의 대상도 안 되는 일이지만 그때는 특별하게 보일 뿐 아니라 호기심의 대상이 되기에 충분했다. 주일이면 어김없이 성당에서 선생님을 만날 수 있었던 나는 자연히 선생님과 가까워 질 수 있었다.

세례를 받던 날 기꺼이 대모가 되어 주신 선생님은 당신이 오랫동안 간직했던 『신약성경』과 묵주를 선물로 주시며 내 신앙의 길잡이가 되어 주셨다.

기도 중 서로를 기억하며 지나온 시간이 벌써 40여 년이 흘렀다. 현모양처를 꿈꾸던 크로바(여고 교화) 교정의 해맑은 소녀들 담임을 내리 3년이나 맡았으니 스승과 제자들은 특별한 관계가 될 수밖에 없었다. 3년이라는 시간은 학생 개개인의 사정을 충분히 알 수 있는 시간이었다. 선생님은 학생들 가정 형편이나 가족 상황을 모두 파악하고 있었고 형편이 어려운 학생에겐 장학금을 탈 수 있게 배려해 주시기도 했다.

1970년대는 많은 변화의 물결이 일었던 시기였다. '대망의

1970년'이라는 슬로건 아래 읍내 유일한 여고였던 우리 학교는 한 반이었던 인원이 두 학급으로 불어났다. 보수적이었던 지방 여성 교육이 개방되며 활성화되던 시기였다. 새로 정비된 가사 실습실에서 처음으로 만들어 본 크로켓 맛은 잊을 수 없는 첫 요리가 되었다. 서툴기만 한 바느질도 선생님 손길이 닿으면 뚝딱 예쁜 블라우스가 되어 나왔다. 여성으로서 성취감과 뿌듯함을 안겨주었던 수업시간이었다.

선생님은 가정학과 프랑스어를 전공 한 터라 우리는 제2 외국어로 프랑스어를 배우게 되었고, 프랑스인인 예천성당 매기석 신부님으로부터는 본토 불어를 배울 수 있었다. 좋은 기회를 만들어 주신 베로니카 선생님은 우리에게 여러 가지로 많은 영향을 주었다.

졸업을 하면서 선생님도 전근을 가시고 한동안 소식이 끊어졌지만 선생님 영향을 받은 몇몇 제자들은 자신들 롤 모델이었던 선생님처럼 독신으로 신앙 안에서 봉사하며 살고 있다. 덕분에 동창들은 늘 선생님 소식을 들으며 아름다운 사제지간을 이어 오고 있다.

내가 결혼을 한 후에도 몇 번 우리 집을 다녀가시며 제자들이 잘살고 있다는 것을 늘 뿌듯해하시곤 했다. 교감으로 퇴임하신 후에도 더 늦기 전에 건강이 남아 있는 동안 봉사해야 한다며 모든 것을 정리해서 가톨릭 재단 양로원으로 거처를 옮기곤 그곳에서 교리와 교육을 담당하며 여생을 보내고 있다.

선생님 회갑 때는 각지에서 올라온 동창들과 서울에 살고 있는 제자들이 한 가지씩 음식을 만들어 세상에서 하나밖에 없는 멋진 잔치를 열었다. 그날 선생님 눈가에는 하얀 이슬이 맺히고 누구보다 많은 자식을 둔 것 같다며 흐뭇해하셨다. 늘 절제된 생활을 하신 덕분인지 아직 건강이 좋은 선생님은 여행이나 전시회 관람을 즐기는지라 가끔 서울서 제자들과 만나 고궁을 거닐기도 한다. 선생님 칠순 때는 제자들과 함께 태국여행을 다녀오기도 했다.

3년 전 남편이 인도네시아에서 근무할 때 친구들과 선생님을 초청했다. 호기심이 많은 선생님은 인도네시아 언어와 음식, 문화와 습관 등에 깊은 관심을 보이며 당신이 보고 들은 모든 것을 열심히 기록했다. 몸에 배인 학구적인 열정은 어디를 가나 기록을 했고 안내 책자 하나도 버리지 않았다. 함께 생활하는 분들에게도 보여 주고 알려 주고 싶다는 배려심에서 수첩을 꼭 가지고 다닌다고 했다. 주위 분들에겐 훌륭한 제자들 덕분에 행복하다며 자랑한다고 한다. 당신이 낳은 자식은 없어도 많은 제자들이 잊지 않고 걱정하며 챙겨 줘서 행복해 하는 모습은 평생 교직에 몸담은 보람이 있어 보였다.

뜻하지 않게 남편이 큰 수술을 받던 날 선생님 기도 메시지는 내 고통의 무게를 덜어준 위로였고, 희망이었다. 자식을 키우듯 바른말과 따끔한 쓴 소리도 서슴지 않았던 보람일까. 동창들은 하나같이 조신하고 현명하여 자신의 일을 잘 하고 있다. 겉으론 늘 강해 보였지만 인간적으로 혼자의 삶이 얼마나 쓸쓸하고 외로웠을까 생각하면 자주 연락드리지 못하는 것이 늘 죄송스럽다.

얼마 전 친구를 통해 허리가 편찮으시다는 소식을 듣고도 바쁘다는 핑계로 연락도 드리지 못했다. 스승의 날을 맞아 나의 특별한 선생님이자 대모님을 기억하며 조만간 친구들과 함께 찾아뵐 계획을 세워본다.

그대 향한
사랑

"하룻밤의 꿈이었던가 새벽안개 속에 사라질 나의 붉은 치마폭에 안기어 동정 끈 입에 물던 님은". 드라마 『장희빈』 주제곡인 「그대 향한 사랑」 중 앞부분이다. 오래전 바리톤 김동규가 불러 많은 사랑을 받았던 곡이다. 최근엔 '미스터 트롯' 출신 가수 김호중이 다시 불러 김동규와는 또 다른 색깔로 팬들의 뜨거운 사랑을 받고 있다. 미스터 트롯 가수들 열풍 때문인지 노래 가사의 절절함 때문인지 중독성이 있다. 하루에도 몇 번씩 들으며 호소력 짙은 김호중 목소리에 매료되었다. 영욕의 세월을 견뎌낸 역사 속 한 여인의 파란만장했던 세월을 이처럼 애절하고 비통하게 표현하다니! 작사 작곡자는 물론이고 가수의 역

량에 고개가 숙여진다.

장희빈은 극적인 스토리와 빼어난 미모 덕분인지 사극으로 자주 방영되었는데 「그대 향한 사랑」은 2002년 탤런트 김혜수가 희빈 장 씨 역을 맡고 성악가가 주제곡을 불러 극의 무게감을 더했다.

역관 장형의 후처 딸로 일찍이 궁에 들어간 장옥정은 나인으로 들어가나 뛰어난 미모로 숙종의 눈에 들어 승은을 입는다. 임금의 총애를 믿고 안하무인으로 무례함을 반복하던 옥정은 결국 명성왕후(숙종의 생모)로부터 쫓겨나 사가에 머문다. 송시열의 서인과 옥정을 앞세운 남인들과의 당파싸움으로 끊임없는 정쟁이 이어지던 시기였다. 다시 입궁하기를 기다리며 하루하루 숙종의 사랑을 받던 지난날을 그리워하던 옥정. 그의 마음을 대변하는 한 맺힌 가사가 심금을 울린다.

> 모두 나의 욕심이더냐 달도 차면 기울어지듯
> 기나긴 밤 모진 세월 참아낸
> 지난 내 눈물이 서러워 내가 온 줄 아오 나인 줄 아오
> 그대 잠든 창가에 바람 불 때면 사모했던 그대
> 그대 그리워 그대 품에 들고픈 숨결이라고

명성왕후가 죽고 옥정은 다시 입궁하여 아들(20대 경종)을 낳는다. 아들이 원자로 책봉되며 옥정은 희빈으로 봉해진다. 원자 책봉을 반대한 서인 송시열은 유배되고 희빈과 숙종의 계비인 인현왕후와의 대립이 시작된다. 인현왕후를 제거하기 위한 희빈의 저주와 악행은 많은 시청자들로부터 인현왕후에 대한 동정과 측은지심을 갖게 했다. 몇 번씩 본 드라마인지라 내용을 뻔히 알면서도 분노하고, 때론 안타까워했다. 극은 자신의 영화를 위해 인현왕후의 삶을 짓밟은 희빈의 사랑과 욕망, 몰락에 초점을 두었다면 노랫말은 임금을 사랑한 여인의 입장을 애절하게 표현했다.

> 가지마다 그림자 지고 무명치마 노을 번지네
> 칠보단장 설레이던 그날이 바로 어제 아침 같은데

시기와 질투가 난무하는 구중궁궐 안에서 후궁 몸으로 임금의 사랑을 독차지하며 정상의 자리에 오른 희빈의 부귀영화는 길지 않았다. 그의 갖은 모략으로 인현왕후는 폐비가 되어 출궁 당한다. 당쟁의 소용돌이 속에 권력과 사랑을 잡으려했던 희빈의 지나친 욕망은 결국 종말로 향할 수밖에 없었다. 궁 안에서 일어난 일이지만 백성들은 희빈의 치마폭에 묻혀 옳고 그름을 분별하지 못하는 숙종의 어리석음을 노래로 만들어 민가에 퍼뜨리게 된다.

"미나리는 사철이요 장다리는 한철이라."더니 마침내 희빈이 인현왕후를 저주했다는 사실이 탄로나 희빈은 왕후에서 빈으로 강등되고 인현왕후는 복귀한다. 궁 밖 생활에서 심신이 쇠약해진 인현왕후는 입궁 후 세상을 떠난다. 희빈의 저주와 인현왕후의 사망을 연결시킨 극적인 전개는 드라마를 절정으로 이끈다.

> 천하를 가진들 무슨 소용이 있나 님의 눈 속에 내가 살 수 없다면
> 오 내가 떠나가도 잊지는 마오 그대 향한 사랑만을

성악가에서 트롯가수로 전향한 김호중은 유년을 불우하게 살아서인지 한과 절규로 이 노래를 열창한다. 애절한 가사에 깊이 있는 그의 음성이 더해진 「그대 향한 사랑」. 김호중의 묵직하고도 격정적인 목소리가 클라이맥스를 이룬다. 이어폰을 끼고 조용히 몰입해 듣노라면 나도 몰래 가슴이 서늘해지며 아파온다. 사람의 마음을 울리며 움직이는 가수의 능력이 새삼 대단하게 느껴진다. 오래 전 본 드라마의 한 장면이 다시 떠오른다. 사랑을 잃어버린 여인이, 임금의 가슴속에서 멀어진 여

인이 가야 할 길은 외롭고 아득할 뿐 체념과 포기만이 그녀를 기다리고 있었다.

정치적으로 희생되었던, 권력을 탐했던, 남자의 사랑을 독차지하고 싶었던 여인 장희빈. 그의 소망이 애절하게 느껴지는 노랫말이 마음을 울린다. 사랑했던 남자로부터의 죽임을 당해야 했던 여인의 한을 누가 어루만질 수 있을까. 인현왕후를 독살하려했다는 죄목으로 장희빈은 숙종이 내린 사약을 받고 비극적인 최후를 맞는다. 희빈의 한 맺힌 통곡이 귓가를 맴돈다.

오 내가 떠나가도 잊지는 마오 눈물로 기다릴 다음 세상에는
사모했던 그대, 그대 그리워 그대 품에 들고픈 숨결을 찾
아 나 세상 떠나가도

삼백여 년 전 역사 속 한 여인의 사랑이 뜻밖에도 한 남자의 울림 있는 목소리를 통해 소환되었다.

예스터데이

감미로운 음악이 수면을 유도해준다는 것을 알
았다. 그때부터 자기 전 FM을 듣는 습관이 생겼다. 오늘도 라디
오를 켰다.

"why she had to go, I don't know (왜 그녀가 떠나야했는지,
난, 모르겠어)"

Y가 즐겨 부르던 노래 비틀즈의 「예스터데이」가 흘러 나왔다.
시대를 앞선 사고와 전통과 관습에 얽매이는 것을 거부하고 개
방적인 행동으로 질타를 받기도 하고 때론 명작 소설 『인형의
집』 노라에 비교되기도 했던 Y. 벌써 그가 우리 곁을 떠난 지도
15년이 지났다. 이제는 아무런 편견도 없이 누구에게든 그의 이

야기를 할 수 있을 것 같다.

초등학교 4학년 때 우리는 같은 반이 되어 맺어진 인연으로 많은 시간을 함께 지냈다. 즐겁고 행복했던 시간도 많았지만 때론 자주 다투기도 했다. 학교가 파하면 집에 가지 않고 우린 만화방으로 가 만화 세계에 빠져 시간 가는 줄도 몰랐다. 학교 뒷산에서 복숭아를 딸 수 있다는 Y의 제안에 따라 갔다가 길을 잃어 밤늦도록 헤매다 내려온 사건은 어른이 된 지금도 두고두고 잊히지 않는다. 용감하고 대담했던 Y는 언제나 행동 대장이었고 사건 중심에 있었다. 유년과 사춘기 추억을 함께했던 Y가 하늘의 별이 된 후 한참 동안 그와 함께한 기억들이 내 마음 구석구석에 머물고 있다.

결혼 후 아이들을 키우느라 연락이 조금 뜸해 졌는데 한마디 말도 없이 Y가 소식을 끊어버렸다. 10여 년이 지난 어느 날이었다. 뜻밖의 전화 한 통이 날아들었다. 남은 삶을 고국에서 보내겠다는 Y의 전화였다. 뜬금없는 그 말에 우리들은 어리둥절했다. 그야말로 날벼락이었다. 문득문득 생각이야 났지만 Y는 우리의 화제 속에서 점점 사라져 기억 속에서 잊혀져가고 있었으니까.

얼마 후 Y는 자신의 아이라며 눈이 파란 아이 둘을 데리고 태연하게 나타났다. 난 무엇부터 물어야 할지 생각이 나지 않아 머리가 멍했다. 첫 남편과 헤어지고 영국인 저널리스트와 재혼해 남매를 두었다고 했다. 사정이야 어찌 됐든 우리 정서론 어린 아들을 버리고 새로운 삶을 선택한 그는 비정한 엄마라고 비난받기에 충분했다. 하지만 시한부 삶을 선고받고 마지막으로 고국을 찾은 Y의 딱한 사정이 그 모든 것을 상쇄하고도 남았다.

평범함과는 거리가 멀게 살아온 Y의 삶을 보니 생각나는 게 있다. 뱃속에 있을 때 태동부터 너무 힘차 아들인 줄 알았다는 딸부자 집 막내 Y. 그의 어머니는 Y를 아들처럼 키웠다. 부모에겐 언제나 똑똑하고 공부 잘하는 자랑스러운 자식이었다.

뜻밖에도 대학 졸업 후 일찍 결혼한 Y에게 어이없는 상황들이 계속 터지며 철부지 새댁이란 비난을 면하지 못했다. 물론 아내나 어머니 교육을 특별히 받고 결혼하는 사람은 별로 없었지만 가정 시간을 통해 여자의 품성이나 가사를 배우며 미래의 현모양처를 꿈꿔 왔던 게 일반적이던 시절이었다.

어느 날 시댁에 초상이 나 시골로 내려간 새댁이 어쩌면 그리도 생각이 없었는지 시집 올 때 입었던 분홍색 한복을 입고 오자 시댁 어른들은 아연실색을 했다. 모두들 아예 부엌에도 들어오지도 말라며 상복으로 갈아입혔다는 얘기를 예사롭게 하던 Y. 그런데 그가 밉지 않았다. 엉뚱하고 무모한 Y의 행동은 웃음을 자아내게 했고 우린 지구 저편 먼 나라 얘기를 듣는 듯 흥미 있어 했다. 명석한 그의 해괴한 언행에 실소를 지을 수밖에 없었다.

사업 실패로 남편과 갈등하며 힘든 시간을 보내던 Y는 나비처럼 훨훨 날아가려 했고 처음부터 맞지 않았던 그를 남편은 미련 없이 보내주었다. 해외여행이 쉽지 않았던 때, Y는 비즈니스 중 만났던 영국인 남자와 사랑에 빠졌다. 결혼을 위해 출국 수속을 하던 중 문제가 있어 전 남편 도움을 받았다는 얘기는 우리를 또 한 번 놀라게 했다. 서로에게 상처나 원망을 남기지 않고 상대방을 놓아 주었구나, 하는 느낌을 받았다. 요즘 말로 둘은 '쿨 하게' 헤어졌다. 남의 이목 따위 신경 쓰지 않고 자유롭게 자신의 삶을 선택한 Y에게 박수를 치기엔 그 당시 우린 너무 고루한 사고를 가졌던 때라 이해하기 쉽지는 않았다.

겉으로 보기엔 Y가 많이 세련되어 보인 것밖에 달라진 게 없었는데 그의 가슴엔 시한폭탄을 품고 있었다니 믿기지 않았다. 한국말을 모르는 어린 남매에게 엄마 없는 미래를 대비해 홀로 서기 시키느라 동분서주 하던 모습이 눈에 선하다. 어디로 뛸지 몰라 아슬아슬했던 지난날과는 달리 제법 엄마 모습을 갖춘 Y가 왜 그리 대견하고 안타까웠는지…. 언제나 그는 우리 막냇동생 같아 연민이 느껴졌다. 열심히 요리하는 Y에게 무슨 요리냐고 물으니 국적도 없다며 익살스런 웃음을 지을 때 구김살 없던 옛 생각이 나서 나도 활짝 웃었다.

Y는 프랑스 유명 통신사에 근무하는 남편에게 임지를 한국으로 요청하며 고국에 묻히고 싶고 아이들에게도 엄마의 나라를 보여주고 싶다고 했다. 사교계의 일원이 되고자 힘든 다이어트를 하고 교양과 인격을 갖추느라 미국 대학에서 어려운 공부도 다시 했다며 자랑했다. 성취와 만족감에 찬 두꺼운 노트를 보여주며 Y는 흐뭇한지 행복했던 시간을 기억하며 눈을 반짝였다.

항암치료 후 며칠 동안은 입맛이 없다며 우리 집으로 달려와 된장찌개를 맛있게 먹었다. 건강했던 유년을 회상하며 그 시절로 돌아가고 싶다고도 했다. 많은 것을 원했고, 이루었고, 그리고 또 잃어버린 Y. 회한으로 고통스러워하던 모습이 엊그제 같은데 어린 딸이 대학생이 되어 한국을 찾아 왔다. 노란 머리에 파란 눈동자를 가졌지만 Y의 웃는 모습과 많이 닮아 뭉클했다.

레테의 강을 건너야 할 시간이 시시각각으로 다가옴을 안 Y는 동창들을 만나기 시작했다. 하나하나 기억이라도 하려는 듯 진지했다. 가족들의 간절한 소망도, 입에 맞는 음식을 해주던 친구들의 헌신도 보람 없이 Y는 허무하게 무너져 갔다. 삶의 끈을 놓는 순간에도 어린 남매가 걱정되어 학원에 다녀왔는지 무얼 먹었는지 물었다. 낙천적이고 자유분방했던 어미도 본능적인 모성 앞에서 뜨거운 눈물을 흘렸다.

남은 친구들은 해마다 일찍 떠나버린 Y의 기일인 시월 마지막

주가 되면 그가 잠들어 있는 곳을 찾다가 지난해부터는 마음속에서 그를 영원히 떠나보냈다. Y가 떠난 그날처럼 스산한 바람이 창문을 때린다. 오늘밤도 쉬이 잠은 오지 않을 것 같지만 Y가 즐겨 부르던 비틀즈의 「예스터데이」를 들으면 노래가 끝나기 전에 잠이 들 듯하다.

작품해설

삶의 바탕을 이룬 따스한 체험들
— 이마리나 수필집 『시간의 길』

박상률(작가)

1. 허구의 서사가 아닌, 사실의 서사

시나 소설은 물론 동화나 희곡 등 어떤 문학 갈래 글이든 글쓴이의 체험을 실마리로 삼아 이야기를 시작한다. 특히 수필은 여타 문학 장르보다 작가의 체험이 더 많은 비중을 차지한다.
소설이나 희곡은 등장인물이 있어 작가의 대리인 역할을 한다. 등장인물 가운데 하나가 화자이기도 하다. 시도 서정적 자아니 시적 자아니 하는, 시인을 대리하는 화자가 있다. 하지만 수필은 작가를 대신하여 말해주는 화자가 없다. 작가가 대부분 사건의 당사자가 되어, 즉 화자가 되어 이야기를 끌고 가는 경우가 많다. 그러기에 작가가 직·간접으로 겪은 체험을 모두 들려줄 수밖에 없다. 수필은 작가 자신이 화자가 되어 체험의 폭과 깊이를 그대로 그려나가는 경우가 많기 때문에 수필의 소재나 제재는 다른 문학 장르보다 더 실제 사건의 모두인 듯 여겨진다. 그래서 다른 문학 장르보다 작가의 체험이 더 많아 보인다.

사실 문학의 모든 갈래는 기본적으로 글쓴이의 직접 체험이나 간접 체험을 이야기의 실마리로 삼는다. 다만 소설은 작가의 직접 체험이라도 상상력을 많이 발휘하여 '허구의 서사'를 구축한다. 반면에 수필은 체험에 상상력이 많이 들어가 있는 허구의 서사보다는, 상상력이 들어가 있더라도 현실의 실제 체험을 가공 정도만 하는 '사실의 서사'가 이야기의 주를 이룬다.

이마리나 수필가의 수필 역시 작가의 실제 체험이 주를 이룬다. 그런데 그의 수필의 가장 큰 특징은 체험 하나만을 드는 게 아니라 그 체험이 불러일으키는 다른 체험을 같이 그린다는 점이다. 작가의 여러 체험을 연결하고 연상하지만 그런 부분이 전혀 어색하지 않은 건 작가가 상상력을 잘 발휘하기 때문이다. 이때의 상상력은 그의 글을 시작하게 한 현실의 사실을 바탕으로 한다. 그러기에 얼토당토않거나 허무맹랑한 상상력이 아니라 현실의 핍진성이 손에 잡히는 상상력이다.

손녀 하교 시간에 맞춰 우산 두 개를 준비해 인근 초등학
교로 갔다. 언제나 하교 시간이 되면 교문 앞은 학부모들로
법석였는데 오늘따라 조용했다. 보안관 아저씨에게 물었더
니 오늘은 비가 많이 와서 아이들 교실 앞까지 학부모들이
들어 갈 수 있게 허용되었다고 했다.

「아버지의 우산」

바람이 거세지며 빗방울이 굵어지기에 우산을 가지고 학교로
손녀를 마중 나갔다. 할머니는 손녀가 우산을 안 가지고 간 줄
알기에 애가 탔지만, 손녀는 우산이 교실에 다 있다고 태연히 말
하면서 할머니는 그것도 모르냐는 표정이다. 요즘은 학교에서
수업에 필요한 모든 준비물을 제공한다. 그런데 우산까지 미리
준비해놓을 줄이야….
이 대목에서 작가는 자신이 어렸을 때를 떠올린다.

초등학교 저학년 때, 비 오는 날이면 우산을 든 아버지 옆
에 매미처럼 꼭 붙어서 학교에 갔다. 지금처럼 우산이 흔하
지 않던 시절이라 위로 오빠가 셋이나 있는 나에겐 우산이
없었기 때문이다.

「아버지의 우산」

작가 못 우산이 없어 비가 오면 우산을 쓴 아버지 곁에 꽉 붙어서 등교하던 생각이 떠올랐다. 그런 생각은 이내 곧 아버지의 우산이 흔들리기 시작해서, 아버지가 비바람을 못 막아준 일로 이어진다.

비바람을 막아주었던 아버지의 우산이 흔들리기 시작한 것은 직장에서 불의와 타협하기 싫어 퇴직하신 이후부터였다.
「아버지의 우산」

비가 오면 우산을 받쳐 들고 성큼성큼 걷는 아버지를 따라가기 힘들었던 꼬맹이가 이젠 그때의 아버지보다 나이를 더 먹었다. 어린 시절 '아버지의 우산'이 흔들리며 경제적 어려움이 닥친 걸 더 두려워했지만 아버지의 고뇌를 이해하게 된 지금은 아버지가 그립기만 하다.

아버지가 그리운 건 딸자식만이 아니다. 어머니도 아버지가 돌아가신 뒤부터 일기를 쓰셨다. 어머니가 돌아가신 뒤 유품을 정리할 때 나온 어머니의 일기장.

아버지가 돌아가신 후 어머니는 가끔 허공을 바라보며 "나는 누구일까" 하시며 당신의 정체성에 대해 많이 혼란해

하며 불면증과 우울증에 시달렸다. 일가친척 하나 없는 곳에서 사는 삶은 뿌리 없는 나무와 같은 것, 작은 바람 앞에서도 흔들리고 무너질 수밖에 없었다. 어머니에게 아버지는 유일한 울타리이자 버팀목이었다.

「어머니의 일기장」

먼저 간 남편을 그리워하며, 하루 일과를 남편이 마치 곁에 있듯이 말하며 적은 어머니의 일기장. 해방 후 먼저 남하한 남편을 따라 월남하면서 겪은 험난하고 절박했던 순간들이 빼곡히 적힌 어머니의 일기장.

시간이 흐를수록 글씨는 삐뚤삐뚤 억지로 쓴 듯했다. 먼저 가신 아버지를 따라가지 못하고 구차스럽게 사는 성싶다며 삶을 많이 서글퍼 하셨던 내용은 어머니의 외로움이 전해져 와 가슴이 아팠다. (…) 일기는 언제나 하루 일과를 아버지께 보고하는 것으로 끝나곤 했는데 중간 중간 잉크가 번져 있었다. 우리에게서 전화 온 얘기, 누가 용돈을 얼마 주었다는 얘기와 그에 따른 지출 내용까지 자세히 기록되어 기억도 희미한 우리들 행적까지 알 수 있었다.

「어머니의 일기장」

어머니의 일기장을 보며 자식들의 행적까지 알 수 있어 뜻밖의 소득(?)도 얻는다. 어머니는 아버지가 돌아가신 뒤에도 아버지의 흔적과 온기가 남아 있는 시골집에서 기어코 살며 외로움과 병마를 견디셨다.

2. 어머니와 느티나무, 고향

아버지 어머니의 삶은 신산하기 짝이 없었지만 이마리나 수필가의 삶의 바탕을 이루는 체험은 따스하기만 하다.

유년시절 어머니는 우리에게 당신이 넘은 삼팔선 얘기부터 시작해 권선징악류의 얘기를 자주 들려주었다. 평상에 누워 밤하늘에 총총히 박힌 별을 보며 들려주던 어머니 이야기는 우리에게 무한한 꿈을 심어 주었다. 영화 보기를 좋아하고 이야기를 잘 하는 어머니 성품과 무관하지 않은 성싶다.

아침이면 어머니는 우리들을 데리고 개울가로 가기도 했다. 집안에 펌프도 있었지만 맑은 물이 흐르는 개울에서 우리를 씻어 주고 투명한 물속에서 예쁜 돌을 주워 주기도 했다. 젊은 날의 어머니는 무척 감성적인 분이었던 듯.

「어머니의 일기장」

마당 평상에 누워 어머니가 들려주는 38선 넘던 얘기. 자식들은 들을 때마다 목구멍으로 침을 꼴딱 삼키며 바짝 긴장했으리라. 깜깜한 밤하늘엔 별들이 총총히 박혀 있고, 착하게 살아야 뒤끝이 좋다는 권선징악 이야기를 들으면서는 자식들은 저마다 꿈을 키웠으리라. 아침이면 맑은 물이 흐르는 개울가로 자식들을 데리고 가서 씻겨주고 개울 물속에서 예쁜 돌을 주워주던 어머니. 그런 감성적인 어머니이기에 이마리나 수필가의 추억은 따스하고 아름답다. 러시아의 소설가 도스토예프스키이던가. 아름다운 추억이 하나만 있어도 비뚤어지지 않을 수 있다고 말했던 이가.

이마리나 수필가의 따스하고 아름다운 추억은 부모님으로만 한정되지 않는다. 그는 고향의 느티나무에서도 따스함과 아름다움을 느낀다.

고향에 있는 느티나무는 두 시간 반을 달려 온 피곤함을 한꺼번에 날려버리는 피로회복 효과가 있다. 무사히 목적지에 다다랐다는 안도감과 곧 부모님을 만날 수 있으리라는 기대감 때문이었을까? 읍내 초입, 파출소 옆에서 수십여 년을 행인들에게 그늘이 되어 주었던 느티나무는 수호신처럼 든든한 존재로 고향을 찾는 이들을 가장 먼저 반겨주는 고향 지킴이다.

「고향의 느티나무」

느티나무는 키가 크고 풍성한 이파리가 그늘을 만들어주기도 하지만, 나무줄기가 굵어 고급 목재로도 많이 쓰인다. 특히 당산나무로 많이 쓰여 예로부터 마을 지킴이로 신격화되기도 했다. 아버지가 돌아가신 뒤 어머니가 느티나무의 출생 내력을 일러주셨다.

> 파출소에 딸린 관사는 적산가옥이었는데 여기서 여동생이 태어났다. 동생을 낳고 산후병을 얻은 어머니는 생사를 오가는 힘든 시간을 보냈다. (…) 동생이 첫돌을 맞은 해 아버지는 기적처럼 살아난 어머니와 어린 딸을 위해 파출소 옆에 축하와 감사의 마음을 담아 느티나무 한 그루를 심었다고 했다.
>
> 「고향의 느티나무」

어머니마저 돌아가신 뒤 유품을 정리하러 간 자식들은 그 느티나무를 배경으로 사진을 찍었다. 이마리나 수필가는 '살짝 나뭇잎 하나가 바람에 흔들리며 우리를 알아본 듯 인사를 했다. 느티나무를 어루만지던 동생 눈가에 한 방울 이슬이 맺혔다. 내 콧등도 시큰하였다.' 라고 적었다(「고향의 느티나무」). 수필의 묘미를 맛볼 수 있는 표현이다. 느티나무가 자신의 출생의 비밀(?)을 알고 있는 자매를 알아볼 리 없다. 그런데도 작가는 나무 이파리가 자신들을 알아보고 인사를 했다고 했다. 문학적 표현이기도 하지만, 뭇 생명들을 대하는 작가의 마음 자세도 알 수 있는 대목이다.

3. 다 말하지 않아도 안다

이마리나 수필가의 글은 따스함이 주를 이루면서 슬쩍 현실의 불합리함도 건드린다. 그러나 그 방식은 부드럽고 슬쩍 웃음을 자아내게 한다. 전혀 불편하거나 불쾌하지 않다. 제사와 관련한 '며느리의 반란'도 그렇고, 성씨와 관련한 '미세스 장'도 그렇다.

친구 J의 직장으로 전화를 했다.
"여보세요. ○○ 과장님 계세요?"
"네, 과장님 지금 자리에 안계신데요."
보험회사에 다니는 친구에게도 전화를 한다.
"소장님 지금 회의 중이세요."
다시 다이얼을 다른 친구에게 돌렸다.
"○○ 원장님과 통화 할 수 있나요?"
"지금 원장님 수업 중이라서요."

맥이 빠졌다. (…) 과장님! 소장님! 원장님!, 40대 중반에 이룬 친구들의 사회적 지위를 상징하는 이름들이 생소하게 느껴졌다. 고작 누구 엄마로만 불리던 나와는 너무 다르다. 친구들 성공이나 발전이 샘이 나는 것도 아닌데 무슨 심사인지 모르겠다. 산적한 집안일에 다소 짜증이 난 걸까? 전화 불통이 언짢았던 걸까?

그날 저녁 의기소침한 나를 보며 남편이 무슨 일이라도 있느냐고 물었다. 친구들 성공이 질투 나는 것도 아닌데 왜 잠시 그랬는지 속 좁은 내 마음을 얘기하며 동정을 구했다. 남편은 웃으며 "뭘 그런 걸 가지고 그래. 당신은 결혼과 동시에 장長이 됐는데"했다. 난 무슨 뜻인지 몰라 눈을 동그랗게 뜨고 무슨 말이냐며 물었다.

"아~ 당신은 미세스 장張 된 지 오래잖아!"

어이없는 웃음이 터졌다. 조금이나마 나를 위로하고 싶었던 남편 마음이 고맙고 그 순발력이 놀라웠다.

'미세스 장'. 난 몇 년 동안 그렇게 불렸다. 홍콩이 영국령에서 중국으로 반환되기 3년 전 홍콩으로 발령 난 남편을 따라 우리 가족은 잠시 낯선 이국땅에 둥지를 틀었다.

「미세스 장」

남편의 순발력 좋은 넉살에선 웃음이 나고, 아내를 결혼과 동시에 '장'이 되었다고 떨어주는 너스레에선 따스함이 느껴진다. 대한민국에선 결혼한 뒤에도 아내의 성이 바뀌지 않는다. 미국 같은 나라에선 결혼을 하면 여자의 성은 남편의 성을 따라야 한다. 그러기에 결혼을 여러 번 하면 전 남편들 성을 줄줄이 달고 살아야 한다. 우린 결혼을 몇 번 하든 오로지 태어나면서부터 쓴 성과 이름만으로 산다. 이게 더 합리적인 줄 안 서양의 요즘 젊은이들은 '자기 성 지키기'를 하고자 하지만 아직은 일반화 하긴 이른 성싶다.

가깝게 지냈던 초등학교 동창인 그가 군 입대를 하며 주고받은 몇 통의 편지는 우리의 운명(?)을 바꿔 놓았다. 처음엔 서로 안부편지로 시작했다. 나는 고단한 병영 생활을 하고 있는 그에게 위문편지를 보냈다. (…) 전역을 하며 그는 내 앞에 남자로 나타났다. 늦은 시간까지 영화관에서 영화를 보는 일이 지루할 즈음, 우리는 평생지기가 되어 한솥밥을 먹기로 했다. 지금은 아련한 기억들을 반추하며 황혼의 들녘에서 함께 저물어 가고 있다.

「편지」

이 글에선 결혼의 비밀(?)을 고백성사하듯 밝혔다. 초등학교 동창생이 어떤 과정을 거쳐 '한솥밥'을 먹게 되었는지를 살짝 그렸다. 위문편지를 보냈는데 전역해선 '내 앞에 남자로 나타났다'는 표현. 간결하지만 많은 내용을 담고 있는 문장이다. 필자가 늘 들먹이는 '문장은 짧게 뜻은 길게(文短意長)'에 들어맞는다. 부부는 오래 살면 서로 닮는다는데 이들 내외간도 그러지 않을까? 그러기에 '황혼의 들녘에서 함께 저물어 가고 있다.'라고 쓰지 않았을까?

문단의장(文短意長)에 딱 들어맞으면서 다 말하지 않은 대목 하나를 더 보자.

며칠 전 하원 때 아이를 차에 태워 먹을 걸 펼쳐 놓고 수다스럽게 "우리 뭘 먹을까? 어린이집에서 누구랑 놀았지? 친구 이름은 뭐야? 할아버지 운전 잘하지?" 하며 녀석의 마음을 사려고 온갖 수다를 다 떨었다. 녀석의 대답은 너무도 생뚱맞았다.
"외할머니도 운전 잘 해!"
「외할머니도 운전 잘 해!」

이 단락에는 많은 이야기가 담겨 있다. 특히 아이의 '외할머니도 운전 잘 해!' 이 말엔 많은 정보가 들어있다. 만약 작가가 친절하게 그 정보를 다 나열하며 밝혔다면 독자의 몫은 되레 줄어들어 시쳇말로 '김이 새 버린다'. 글쓴이가 안다고 다 말해주는 게 미덕은 아니다.

4. 인간의 길, 시간의 길을 걷다

일반적으로 볼 때 부부도 오래 같이 살면 닮기도 하지만, 자식은 부모를 닮아간다.

> 평소에 간 질환을 앓고 있던 남편은 늘 절제된 생활을 해왔다. 그러나 B형 간염 바이러스 진행은 현대의학으로도 막을 수 없었다. 남편은 간 이식만이 살 길이라는 날벼락 같은 진단을 받았다. 남편 얼굴은 금세 하얗게 질린 듯했고 난 머리를 한 대 얻어맞은 듯 정신이 없는데 아들은 두 번도 생각하지 않고 "제가 하겠습니다" 하고 나섰다.
>
> 「내 안에 네가 있다」

아버지가 간 이식을 받아야 할 상황이 되었을 때 아들은 '두 번도 생각하지 않고' 자기 간을 기증하겠다고 했다. 이마리나 수필가는 남편 걱정에 아들 걱정에 무척 안타까웠다. 다행히 수술 결과는 좋아서 아버지고 아들이고 다 건강해졌다.

저녁에 아들 내외가 생일 케이크를 사 들고 왔다.
"어머니 초를 하나만 달라고 하니 제과점 주인이 다시 한 번 쳐다보며 의아해 해요."
"그래? 첫돌 잔치하는 줄 알았겠네."
4월 1일은 남편 두 번째 생일이다. 죽음의 문턱에서 다시 소생한 날을 기념하자며 우리 가족이 정한 날이다. 일 년에 두 차례 생일을 치르는 셈이다. 돌아보면 악몽 같은 시간이었다. 남편과 아들을 동시에 수술실로 보내고 마음을 잡지 못해 성당으로 병원 로비로 혼이 나간 듯이 헤매던 내 모습이 떠올랐다.

「내 안에 네가 있다」

다시 태어난 아버지. 다시 태어났기에 아버지의 두 번째 생일이다. 그 생일을 기념하여 아들 내외는 케이크를 사 와 조촐하게나마 생일잔치를 연다.

케이크를 자르며 남편과 아들은 농담을 주고받는다. 남편이 "내 안에 네가 있다"고 하자, 아들은 태어나서 받은 간 다시 아버지께 돌려주고 새로 간 하나가 생겼으니 순전히 남는 장사였다며 여유를 부린다. 남편의 투병은 우리에게 큰 아픔이 되었지만 가족의 소중함을 절실히 느끼게 해 준, 서로를 더 많이 사랑하는 계기가 되었다.

「내 안에 네가 있다」

아버지는 아들이 고마워 '내 안에 네가 있다'고 말한다. 아들은 태어나서 받은 간 아버지한테 다시 돌려주고 새로 간 하나가 생겼으니 '남는 장사'라고 너스레를 떤다. 따스함이 글 밖에까지 새 나온다.
부모 자식 사이에만 따스함이 있는 게 아니다. 이마리나 수필가는 친구를 대할 때도 진심이다. 10여 년 소식이 없던 친구 Y가 뜻밖의 전화를 했다. 외국에서 '씩씩하게' 지내고 있는 줄 알았던 Y가 남은 삶을 고국에서 보내겠다고 했다. 뜬금없는 소리였다.

감미로운 음악이 수면을 유도해준다는 것을 알았다. 그때부터 자기 전 FM을 듣는 습관이 생겼다. 오늘도 라디오를 켰다.

"why she had to go, I don't know (왜 그녀가 떠나야 했는지, 난, 모르겠어)"

Y가 즐겨 부르던 노래 비틀즈의 「예스터데이」가 흘러 나왔다. 시대를 앞선 사고와 전통과 관습에 얽매이는 것을 거부하고 개방적인 행동으로 질타를 받기도 하고 때론 명작 소설 『인형의 집』 노라에 비교되기도 했던 Y. 벌써 그가 우리 곁을 떠난 지도 15년이 지났다.

「예스터데이」

Y는 시한부 삶을 살고 있었다. 가슴에 시한폭탄을 품은 처지였지만 한국말을 모르는 어린 남매에게 엄마 없는 미래를 대비시키느라 고국행을 감행했다. 작가는 Y가 즐겨 부르던 비틀즈의 '예스터데이'를 들으면 그가 생각난다. '예스터데이'를 들으면 노래가 끝나기도 전에 잠이 들 듯하단다. 오랫동안 그가 잠들어 있는 곳을 찾던 친구들도 마침내 그를 떠나보냈다. 그는 갔지만 노래 '예스터데이'는 그를 불러낸다.

항암치료 후 며칠 동안은 입맛이 없다며 우리 집으로 달려와 된장찌개를 맛있게 먹었다. 건강했던 유년을 회상하며 그 시절로 돌아가고 싶다고도 했다. 많은 것을 원했고, 이루었고, 그리고 또 잃어버린 Y. 회한으로 고통스러워하던 모습이 엊그제 같은데 어린 딸이 대학생이 되어 한국을 찾아왔다. 노란 머리에 파란 눈동자를 가졌지만 Y의 웃는 모습과 많이 닮아 뭉클했다.

레테의 강을 건너야 할 시간이 시시각각으로 다가옴을 안 Y는 동창들을 만나기 시작했다. 하나하나 기억이라도 하려는 듯 진지했다. 가족들의 간절한 소망도, 입에 맞는 음식을 해주던 친구들의 헌신도 보람 없이 Y는 허무하게 무너져 갔다. 삶의 끈을 놓는 순간에도 어린 남매가 걱정되어 학원에 다녀왔는지 무얼 먹었는지 물었다. 낙천적이고 자유분방했던 어미도 본능적인 모성 앞에서 뜨거운 눈물을 흘렸다.

남은 친구들은 해마다 일찍 떠나버린 Y의 기일인 시월 마지막 주가 되면 그가 잠들어 있는 곳을 찾다가 지난해부터는 마음속에서 그를 영원히 떠나보냈다. Y가 떠난 그날처럼 스산한 바람이 창문을 때린다. 오늘밤도 쉬이 잠은 오지 않을 것 같지만 Y가 즐겨 부르던 비틀즈의 「예스터데이」를 들으면 노래가 끝나기 전에 잠이 들 듯하다.

「예스터데이」

이마리나 수필가의 시간은 추억을 이루는 다양한 체험으로 채워져 있다. 인생의 부자는 추억이 많은 사람이라는 말이 있다. 그런 측면에서 보자면 이마리나 수필가는 상당한 부자이다. 또래의 평균적인 보통 사람이 겪을 만한 체험에다 남편과 동고동락하면서 쌓은 추억도 적지 않다. 남편의 임지를 따라 이 나라 저 나라에서 생활했기에 일반인이 경험하지 못한 체험들을 그는 켜켜이 많이 쌓아두고 있다. 어떤 계기가 있을 때마다 하나씩 꺼내 작품으로 형상화한다. 그의 수필은 직·간접 체험에 상상력까지 얹어 문학성을 두루 갖추고 있어 독자의 즐거움이 배가 된다.

그는 아침에 운동 삼아 걷는 길에서도 무언가를 얻는다. 마침 그는 선사시대 유적지가 있는 동네에 살고 있어 남다른 체험을 할 수 있다.

도토리와 밤송이가 터져 땅에 떨어지는 가을이면 청설모와 몰지각한 사람들의 도토리 쟁탈전이 시작되기도 한다. 도토리는 선사시대 사람들 양식으로도 많이 애용되었다고 하는데 탄닌 성분이 많아 잘 상하지 않아 보관하기에도 좋다.

지난겨울부터 누구의 발상인지 유적지 안에 군데군데 나무상자가 놓이고 도토리가 매일 매일 쌓여가고 있다. 반가운 일이다. 청설모가 도토리를 열심히 파묻고 있지만 눈이 오면 냄새를 확인하기 어려워 찾을 수가 없다고 한다. 아침 일찍 운동을 나갈 때면 도토리를 주워 한줌 씩 상자에 던져 넣는다. 한때 청설모는 다람쥐를 잡아먹는다는 둥, 외래종이라는 둥, 악의적인 소문이 있었지만 영어로 'Korean squirrel(한국 다람쥐)'로 고유종이라니 청설모도 오랜 시간 우리와 함께 살아온 것이 틀림없다. 사람들과 많이 접해서 그런지 사람을 봐도 두려워하지 않고 마주쳐도 빤히 쳐다보는 두 눈이 귀엽다.

「시간의 길」

오랜 시간 동안 인간과 함께 살아온 청설모. 이마리나 수필가는 이제 청설모의 삶에서도 인간의 길, 시간의 길을 모색하고 있다.

시간의 길

초판1쇄 발행 2025년 11월 14일

지은이 | 이마리나
펴낸이 | 임길순
펴낸곳 | 한국산문

편　집 | 김미원 박소현
디자인 | 정보라

등　록 | 제2013-000054호
주　소 | (우 03131) 서울특별시 종로구 율곡로6길 36, 207호, 208호
전　화 | 02-707-3071　　팩스 | 02-707-3072
이메일 | koreaessay@hanmail.net

ISBN 979-11-94015-16-1 (03810)
ⓒ 이마리나, 2025

값 16,000원
* 이 책 내용의 전부 또는 일부를 재사용하시려면 저작권자와 한국산문의
　동의를 받아야 합니다.